LAROUSSE
Descubre

El cuerpo humano

LAROUSSE

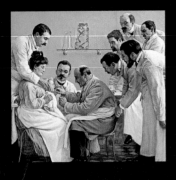

El cuerpo humano
Edición especial en español de
Le corps humain (de la colección
Encyclopédie des Jeunes).

Edición original
Dirección editorial: Claude
Naudin, Véronique Herbold,
Nathalie Bailleux y Odette
Dénommée con la colaboración
de los doctores Bruno Boniface,
Luce Condamine y Béatrice
Loiseau y la de Yves Juvain,
Christian Camara, Olivier Cornu
y François Léger.
Dirección artística: Anne Boyer
Maquetación: Emmanuel
Chaspoul y Claudine Combalier
Iconografía: Anne Marie
Moyse-Jaubert y Viviane
Seroussi

Edición española
Dirección editorial:
Núria Lucena Cayuela
Coordinación editorial:
Esther Gallart Gual
Edición: Gemma Arbusà
Mirabitllas
Fotomecánica: Punt Groc i
associats
Diseño cubierta: Francesc Sala

© 1996, Larousse-Bordas
© 2001, SPES EDITORIAL, S.L.,
para la versión española
Aribau 197-199, 3ª
08021 Barcelona
larousse@larousse.es
www.larousse.es

ISBN 84-8016-704-1 (obra
completa)
ISBN 84-8016-705-X
Depósito Legal: NA. 1898-2001
Impresión: Gráficas Estella, S.A.
Ctra. de Estella a Tafalla km 2
31200 Estella (Navarra)

Impreso en España – Printed in
Spain

El cuerpo humano

El cuerpo humano es una máquina compleja y sorprendente. El inicio de la vida. El funcionamiento de los órganos y los sistemas. La labor de los médicos. Las enfermedades y la prevención...

Cómo utilizar este libro

Esta obra está dividida en tres partes. Cada una de ellas comienza con un sumario que enumera los distintos capítulos y presenta un resumen de su contenido.

Espectaculares fotografías e ilustraciones a doble página permiten descubrir el cuerpo humano, su estructura y funcionamiento.

Las páginas finales reúnen información complementaria y biografías de los más célebres médicos y sabios.

Por último, el índice permite localizar rápidamente la página que contiene la información buscada.

Título de capítulo
Cada capítulo se desarrolla en una o dos dobles páginas.

Introducción
Al comienzo de cada capítulo, resume el tema que se va a tratar en las páginas siguientes.

Foto panorámica
Ilustra uno de los temas del capítulo.

Textos al margen
Contienen datos complementarios.

Los órganos intercambian información entre ellos y el cuerpo recibe información del medio que lo rodea. El sistema nervioso, del que forman parte el cerebro y los nervios, hace posible esta comunicación.

Neuronas alineadas unas contra otras, vistas en un microscopio electrónico.

El cerebro y los nervios

◄ bulbo raquídeo: parte del encéfalo situada por encima de la médula espinal.
◄ cerebelo: parte del encéfalo, centro del equilibrio y de la coordinación de los movimientos.
◄ cerebro: órgano principal del sistema nervioso, situado en el cráneo, que controla las funciones voluntarias y reflejas del cuerpo.
◄ corteza cerebral: superficie de los hemisferios cerebrales.
◄ encéfalo: conjunto de centros nerviosos, cerebro, cerebelo y tronco vertebral, contenidos en la cavidad craneal de los vertebrados.
◄ médula espinal: centro nervioso de la columna vertebral.
◄ nervio: asociación de un gran número de células nerviosas.
◄ neurona: célula nerviosa.
◄ sueño lento: fase del sueño que permite recuperarse del cansancio físico.
◄ sueño paradójico: fase del sueño durante la cual se sueña.

Sentir dolor al pisar un clavo, frenar ante un semáforo en rojo o tocar el piano... Estas sensaciones, reacciones o movimientos son posibles gracias a nuestro sistema nervioso. El sistema nervioso consta del **encéfalo** (que contiene el cerebro) y la **médula espinal**, y por una red de transmisión, los **nervios**. Una cantidad enorme de información, los mensajes nerviosos, circulan por los centros nerviosos y a lo largo de miles de kilómetros de células nerviosas o **neuronas**.

El encéfalo (aquí se observa un corte) ocupa todo el volumen del cráneo.

Los nervios
Los nervios transmiten la información por todo el cuerpo. Existen dos tipos de nervios:
• los nervios sensitivos, que permiten llevar la información a la médula o al encéfalo. Las impresiones

El encéfalo y la médula espinal en el puesto de mando
Situado en el interior del cráneo, el encéfalo recibe la información procedente del resto del cuerpo. A su vez, envía órdenes para activar la contracción de los músculos, la secreción de las glándulas, etc. El encéfalo está formado por varias partes. Las principales son: el **cerebro** (ver págs. 46 y 47), formado por dos hemisferios, el **cerebelo** y el **bulbo raquídeo**. La superficie de los hemisferios cerebrales, la **corteza cerebral**, presenta surcos que aumentan la superficie total del cerebro y por lo tanto su eficacia. Cada hemisferio está conectado a la mitad opuesta del cuerpo: el hemisferio derecho a la mitad izquierda y el hemisferio izquierdo a la mitad derecha. Debajo del cerebro está el bulbo raquídeo, que controla un gran número de funciones, como la respiración o los latidos del corazón. El cerebelo, en la parte posterior del bulbo raquídeo, es el centro del equilibrio: cuando estamos de pie, envía las órdenes para corregir la posición del cuerpo y evitar la caída. También permite coordinar los movimientos. La médula espinal prolonga el encéfalo y desciende por la columna vertebral. Controla los reflejos simples y conduce la información del encéfalo hacia los nervios y viceversa.

procedentes del medio ambiente son recibidas por los receptores situados en los órganos, en especial de los órganos sensoriales como la piel;
• los nervios motores, que controlan los movimientos y los músculos de los órganos. Reciben órdenes del cerebro o de la médula. La médula espinal y muchos nervios están conectados entre sí, pero tienen funciones diferentes que explican los reflejos simples. Si ponemos la mano sobre algo muy caliente, la retiramos de inmediato, inconscientemente. Ello es debido a que los nervios sensitivos de la piel condujeron el mensaje doloroso hasta la médula. Ésta lo analizó y envió un mensaje a través de un nervio motor hasta los músculos del brazo.
Si el cerebro fuera el responsable, el tiempo de reacción sería mayor; dado que el trayecto del mensaje hasta el cerebro es más largo, la quemadura sería más grave.
Los nervios conducen la información, la médula la recibe o la envía.

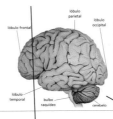

El cerebro constituye, junto con la médula espinal, el sistema nervioso central.

lóbulo frontal
lóbulo parietal
lóbulo occipital
lóbulo temporal
bulbo raquídeo
cerebelo

Algunos exámenes del cerebro permiten confirmar su actividad eléctrica.

Los mensajes nerviosos
Los mensajes nerviosos son señales eléctricas y los «hilos» que los conducen son las células nerviosas o neuronas. Para ser más precisos, estos hilos son prolongaciones muy finas y largas que las neuronas envían a través de todo el encéfalo, la médula y los nervios. A menudo, en algún tramo de su trayecto, están agrupadas unas contra otras. Las neuronas también están conectadas unas detrás de otras, como en fila india, pero sin tocarse. El espacio que queda entre ellas podría impedir la transmisión del mensaje. Sin embargo, al llegar al extremo de una neurona, la señal eléctrica provoca la liberación de unas sustancias que se fijan en la neurona siguiente y desencadenan el nacimiento de una nueva señal eléctrica. Entonces, el mensaje nervioso continúa su camino. Así, puede transmitirse desde la cabeza hasta los pies. El mensaje nervioso recorre los nervios a una velocidad de alrededor de 100 metros por segundo.

Nervios desde la cabeza hasta los pies
Los nervios parecen cordones brillantes y se ramifican simétricamente por todo el cuerpo.
Doce pares de nervios craneanos salen del encéfalo y recorren la cabeza, el corazón, los pulmones, el estómago y el intestino.
Treinta y un pares de nervios raquídeos salen de la médula espinal y se extienden por las extremidades, la piel y los músculos.
El conjunto de los nervios del cuerpo constituye el sistema nervioso periférico.

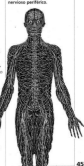

45

Minidiccionario
Enuncia las definiciones de palabras del texto que pudieran necesitar explicación.

Título de párrafo
Cada párrafo desarrolla un aspecto fundamental del tema.

Epígrafe de foto o de esquema
Explica la ilustración.

Esquema
Algunos temas científicos se explican mediante esquemas.

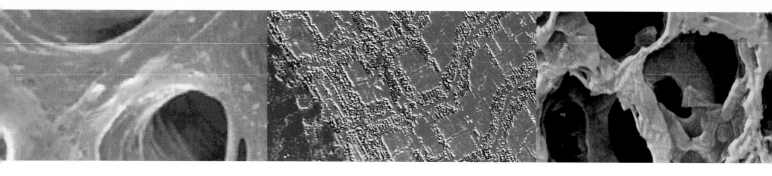

s u m

El ciclo de la vida 6

Cómo funciona el cuerpo humano 22

ario

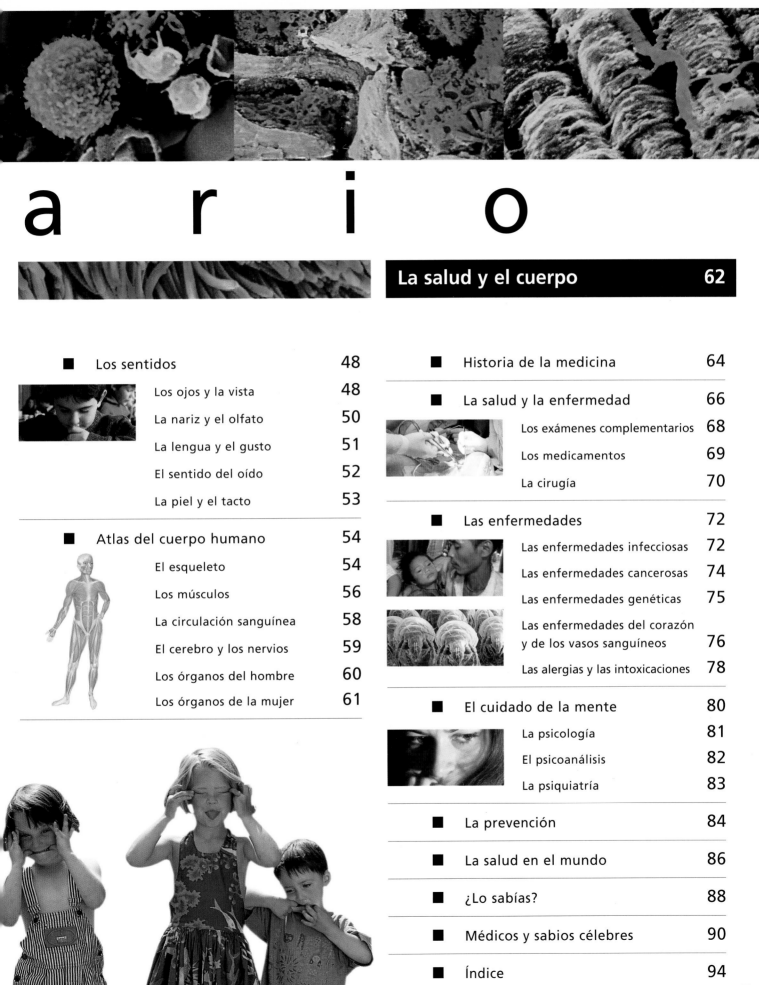

El ciclo

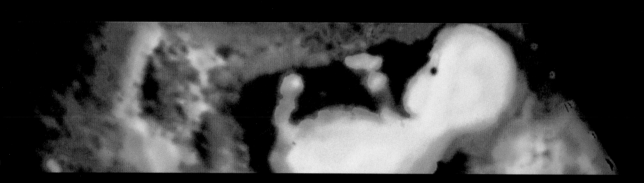

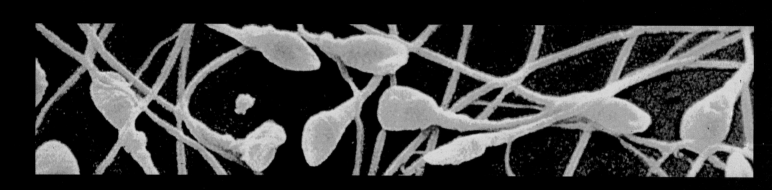

de la vida

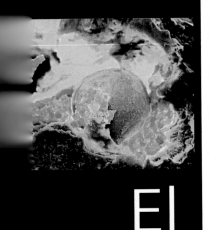

La vida humana comienza con la formación del cigoto, resultado de la unión de un óvulo y un espermatozoide. Se desarrolla en el vientre de la madre y, nueve meses después, nace el bebé.

El inicio de la vida

- **ADN:** abreviatura de ácido desoxirribonucleico que constituye los cromosomas.
- **célula:** elemento constituyente de todo ser vivo, que se compone de una membrana, un núcleo y un líquido, llamado citoplasma.
- **cromosoma:** elemento de la célula, que contiene los caracteres hereditarios.
- **embarazo:** estado de la mujer encinta, desde la fecundación hasta el parto.
- **embrión:** el futuro bebé durante las primeras ocho semanas después de la fecundación.
- **espermatozoide:** célula sexual del hombre que sirve para la reproducción.
- **fecundación:** encuentro de dos células sexuales: el óvulo de la mujer y el espermatozoide del hombre.
- **feto:** nombre que recibe el embrión a partir del tercer mes de vida (novena semana).
- **óvulo:** célula sexual de la mujer que sirve para la reproducción. Se forma en el ovario.
- **placenta:** órgano que permite al feto nutrirse en el vientre de la madre y que lo protege. Es expulsado después del parto.
- **útero:** órgano muscular hueco de la mujer, que acoge al huevo. Se contrae en el momento del parto para que el niño pueda nacer.

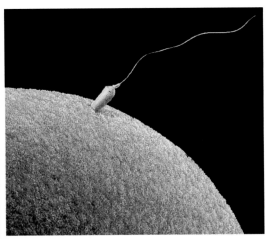

Un solo espermatozoide logra penetrar la membrana del óvulo y fecundarlo.

Para tener un hijo, es necesario que un hombre y una mujer tengan una relación sexual y que se produzca la **fecundación**. La fecundación se realiza cuando ambas **células** sexuales, el **óvulo** de la mujer y el **espermatozoide** del hombre, se fusionan. Así, forman una nueva célula, el huevo o cigoto, que es el inicio de una nueva vida.

La fecundación

El cuerpo humano está compuesto por una infinidad de células, entre ellas, las sexuales o gametos. En el hombre los gametos son los espermatozoides (produce 300 millones de ellos por día); en la mujer, los óvulos (libera uno al mes). Los gametos hacen posible la reproducción, es decir, la formación de un nuevo ser humano. Un espermatozoide mide alrededor de 0,05 mm de largo. Un óvulo es una esfera transparente de 0,10 mm. Durante la relación sexual, el pene, órgano sexual del hombre, libera en el cuerpo de la mujer un líquido que contiene espermatozoides: el esperma. Estos espermatozoides «nadan» hacia el óvulo gracias a su cola o flagelo. En unas dos horas, lo alcanzan y tratan de entrar en él. Sólo uno lo logra: y entonces se produce la fecundación. El espermatozoide pierde su cola y sólo su cabeza penetra en el óvulo. Su núcleo crece y se fusiona con el del óvulo, formando un huevo que se dirigirá al **útero**, músculo hueco de la mujer, que lo acogerá.

El huevo fecundado parece estar en reposo, pero en él tiene lugar una intensa actividad.

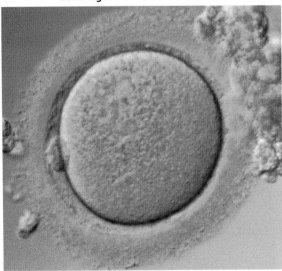

Primera división del huevo en dos células, unas 30 horas después de la fecundación.

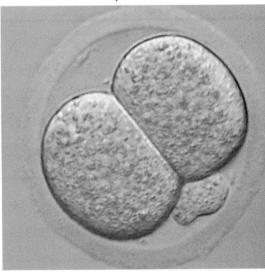

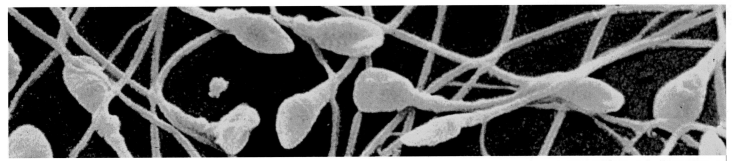

Espermatozoides observados con un microscopio electrónico de barrido.

De la célula huevo al futuro bebé

Para pasar del estado de una única célula huevo, el cigoto, a un ser humano compuesto por gran cantidad de células, es necesario que se produzca una sucesión de divisiones. El huevo se divide hasta formar una pequeña aglomeración de células semejante a una mora, la mórula. Estas primeras divisiones se desarrollan en tres o cuatro días y son bastante seguidas: alrededor de una cada doce horas. Luego se producen más lentamente, pero no se detienen. En lugar de formar células idénticas, las divisiones generan células diferentes, que darán origen a los distintos órganos y partes del cuerpo.

Todos parecidos, todos diferentes

Cada célula del cuerpo humano contiene en su núcleo **cromosomas** formados por una sustancia llamada ácido desoxirribonucleico (**ADN**). Cada pequeña porción de ADN de un cromosoma es un gen que lleva una característica hereditaria (color de los ojos, del pelo, etc.) que los padres transmiten a los hijos. El bebé será una persona única, con caracteres provenientes de sus dos padres y, por consiguiente, de sus cuatro abuelos. Cada célula del cuerpo posee veintitrés pares de cromosomas. Sin embargo, el óvulo y el espermatozoide sólo tienen veintitrés cromosomas cada uno y no pueden dividirse. Su unión permite reconstituir una célula huevo de cuarenta y seis cromosomas agrupados en veintitrés pares (23+23), la cual sí puede dividirse. Equivale a dividir dos juegos de naipes, cada uno en dos, y juntar una mitad de cada juego para formar uno nuevo. En los veintidós primeros pares, los dos cromosomas se parecen. El último par está formado por dos cromosomas denominados X (en el caso de una niña), y de un X y un Y (en el caso del niño). El óvulo de la madre aporta un X en ambos casos. El espermatozoide del padre aporta un segundo X, para la niña, o un Y, para el niño. Por lo tanto, es el futuro padre quien aporta el sexo del bebé, aunque éste sólo depende del azar.

La fecundación *in vitro*

Cuando una pareja no puede tener hijos decimos que es estéril. En algunos casos, es posible dar una solución

mediante la fecundación *in vitro* (FIV) o en laboratorio. Mediante una operación, se extraen varios óvulos maduros del ovario de la mujer. También se recoge esperma del hombre. Luego los espermatozoides se mezclan con los óvulos en una probeta de vidrio (*in vitro*, en latín) o bien se puede inyectar un espermatozoide dentro de un óvulo con una micropipeta (foto superior). Al poco tiempo, los huevos fecundados son colocados en el útero de la mujer. Pasados 14 días, se verifica si alguno ha sobrevivido y si ha comenzado el embarazo. Los bebés nacidos por este procedimiento son llamados «bebés probeta». El primero nació en Inglaterra en 1978.

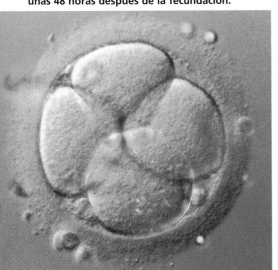

Segunda división en cuatro células, unas 48 horas después de la fecundación.

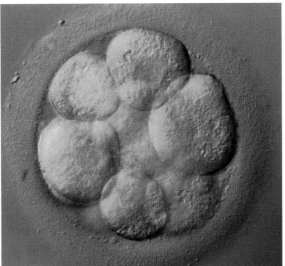

Tercera división en ocho células, alrededor de 3 días después de la fecundación.

9

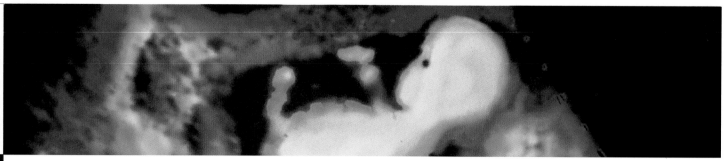

Feto de tres meses en el vientre de la madre, visto mediante una ecografía.

La gestación y el nacimiento

La ecografía

Para los futuros padres, resulta impresionante ver en la pantalla cómo el feto se mueve en el vientre de su madre y saber, varios meses antes de que nazca, qué sexo tendrá. Uno de los exámenes que lo hacen posible es la ecografía. Este examen muestra al feto dentro del útero. También puede detectar posibles

malformaciones. Durante la ecografía, un aparato envía ondas (los ultrasonidos) hacia el interior del cuerpo; éstas rebotan en el feto como un eco y se transforman en imagen en la pantalla. Durante el embarazo, la mujer debe consultar al médico y hacerse tres ecografías: una a los tres meses, otra a los cinco meses y la última a los siete meses. En ellas se pueden observar el corazón del feto, los brazos, las piernas, los ojos, la columna vertebral y, a partir del quinto mes, también se puede conocer su sexo.

Un bebé necesita nueve meses para desarrollarse dentro de la madre. Durante este período, el vientre de la madre crece: es el **embarazo**. Al cabo de los nueve meses la mujer da a luz: el bebé llega al mundo. Cuando el embarazo es normal, la futura madre lleva una vida activa como de costumbre. Sin embargo, debe cuidar su alimentación, evitar el tabaco, el alcohol y la mayoría de los medicamentos, ya que son perjudiciales para el futuro bebé.

La vida del bebé en el vientre de su madre

Durante el embarazo, los intercambios entre la madre y el hijo se realizan a través de la **placenta** y del cordón umbilical. El cordón umbilical une al hijo a una especie de disco adosado a la pared del **útero** llamado placenta que, a su vez, está conectado con la circulación sanguínea de la madre. De este modo, el futuro bebé recibe, por medio de la sangre de su madre, el oxígeno y todas las sustancias para nutrirse y desarrollarse. También elimina desechos, como el anhídrido carbónico.

Nueve meses para un bebé

Primer mes: una vez producida la **fecundación** (ver pág. 8), el huevo fecundado se divide para formar una bolita de **células** que flota en el útero de la madre, músculo hueco donde se desarrollará el futuro bebé o **embrión**. Al séptimo día, después de la

fecundación, la bola se implanta en la pared del útero: es la nidación del huevo. Posteriormente, las divisiones del huevo continúan a un ritmo más lento. Comienza a aparecer el corazón. Se forman el cerebro, la columna vertebral y las extremidades. Al término del mes, el huevo mide 5 mm.

Segundo mes: se desarrollan los brazos y las piernas. El rostro adquiere sus rasgos. Los ojos son cada vez más visibles. Al final del mes, el embrión mide entre 28 y 30 mm.

Tercer mes: en este momento del embarazo, el embrión pasa a llamarse **feto**, mide 12 cm y pesa 65 g. Comienza a moverse, pero la madre aún no lo nota. Se forman los órganos sexuales.

Cuarto mes: aparece el cabello y se desarrollan los músculos. Es posible escuchar los latidos del corazón con un aparato especial. El feto mide 20 cm y pesa 250 g.

Quinto mes: la piel del feto es menos roja, pero continúa arrugada. Está cubierta por un fino vello: el lanugo. Se puede reconocer el sexo del bebé. Los

Una mujer embarazada aumenta comúnmente entre 9 y 12 kg de peso.

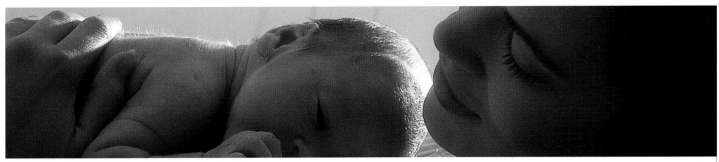

Recién nacido sobre el pecho de la madre.

pulmones se desarrollan y aparecen las uñas. El feto se mueve, y ahora la madre lo siente. Mide 30 cm y pesa 650 g.

Sexto mes: el feto se mueve mucho. Duerme entre 16 y 20 horas al día. Sabe tragar, puede succionar el pulgar e, incluso, tener hipo.

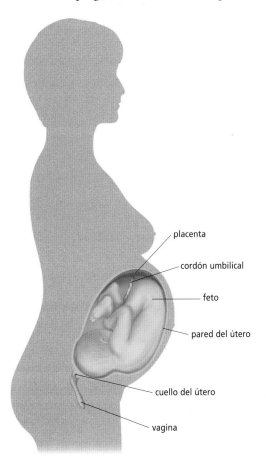

placenta

cordón umbilical

feto

pared del útero

cuello del útero

vagina

El feto en el vientre de la madre.

Percibe los ruidos externos y la luz. Mide 37 cm y pesa 1 kg.
Séptimo mes: el feto oye. Se mueve menos, ya que ha crecido y no tiene mucho espacio en el útero. Mide 42 cm y pesa 1,5 kg.
Octavo mes: el feto se da la vuelta: queda con la cabeza hacia abajo y las nalgas hacia arriba.

Ésta es la postura que mantiene generalmente hasta que nace. Pierde el vello, que es reemplazado por una capa protectora. Mide alrededor de 47 cm y pesa 2,5 kg.
Noveno mes: los pulmones están listos para funcionar. La piel es lisa. Los huesos del cráneo se soldarán después del nacimiento. En las últimas semanas se fortalece y gana peso. Al final de este mes, el feto mide 50 cm y pesa cerca de 3,2 kg. Está listo para venir al mundo. Será un bebé prematuro si nace antes del octavo mes.

Al momento de dar a luz, el útero se contrae cada vez más fuerte: ha comenzado el trabajo de parto. La futura mamá debe dirigirse, entonces, a la maternidad. Si ha escogido dar a luz con anestesia peridural estará despierta, pero con el vientre insensible. Da a luz ayudada por los médicos y enfermeras. Si el parto es difícil, el médico ayuda a salir al bebé o bien practica una operación: la cesárea.

El nacimiento

Cuando se acerca el nacimiento, las contracciones del útero dilatan el cuello uterino y empujan poco a poco al bebé hacia afuera. Primero aparece la cabeza y luego el resto del cuerpo. Al salir, el bebé llora y entonces sus pulmones se llenan de aire por primera vez. Se corta el cordón umbilical, cuya cicatriz formará el ombligo. Poco después, la madre expulsa la placenta. El recién nacido es examinado y puesto en el pecho de la madre, que succiona instintivamente. Mama un líquido nutritivo: el calostro. La leche baja a los pechos sólo dos o tres días después del nacimiento. La leche materna es el alimento más completo para el bebé. No obstante, si es necesario, también puede alimentarse con biberón.

Mellizos o gemelos

A veces sucede que un óvulo, después de ser fecundado, se divide en dos embriones, lo que produce dos bebés idénticos: los «gemelos» u homocigotos (de un mismo huevo). Ambos tendrán el mismo sexo y serán muy parecidos. En algunos casos, menos frecuentes, el huevo se divide en tres o cuatro embriones y se forman trillizos o cuatrillizos. Además, el ovario de la madre puede liberar dos óvulos en vez de uno y cada uno de ellos puede ser fecundado por un espermatozoide. En este caso, se desarrollarán dos bebés al mismo tiempo, pero no se parecerán más que cualquier hermano o hermana. Se les denomina «mellizos» o dicigotos (de dos huevos diferentes). En el segundo mes de embarazo, se puede saber si una mujer espera dos bebés.

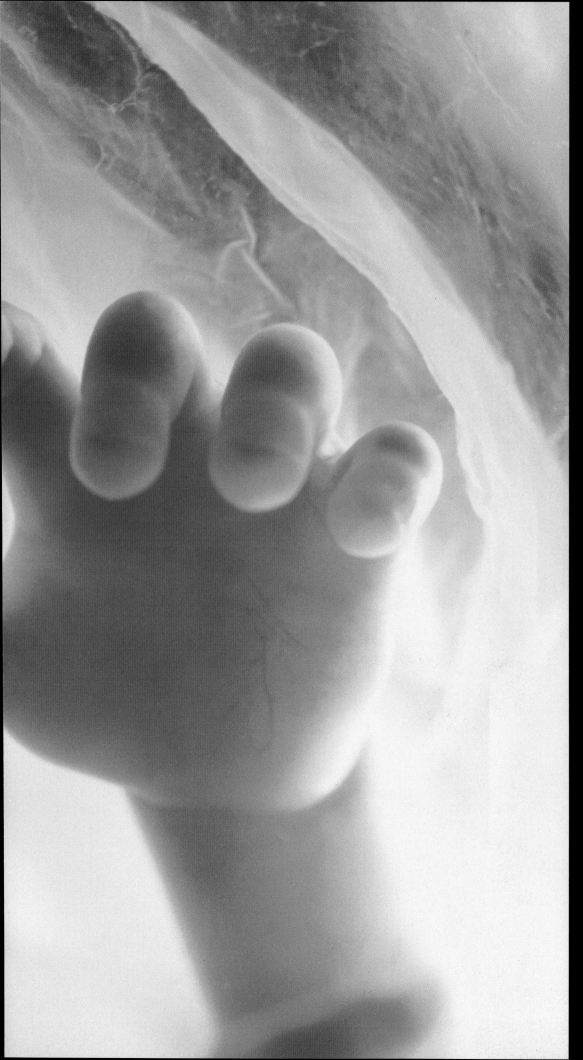

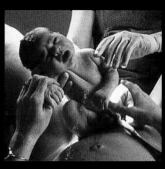

Pronto nacerá

En el séptimo mes de embarazo, el feto (izquierda) mide alrededor de 42 cm y pesa cerca de 1,5 kg. El estómago y el intestino están listos para funcionar y los riñones están casi formados. Desde el sexto mes, succiona el pulgar de forma refleja. En ocasiones, tiene hipo. Los ojos están cerrados pero, a través del vientre de la madre, puede percibir la luz. Oye sonidos, como las voces de las personas. Cuando se cierra una puerta, se sobresalta; la música suave lo calma. Ya ha crecido mucho. En los dos meses siguientes, seguirá creciendo, engordando y reuniendo fuerzas para prepararse a nacer (arriba).

La infancia

La infancia comprende desde los primeros días de vida hasta los 12 años, aproximadamente. Durante ese tiempo el ser humano crece y sus órganos se desarrollan; aprende a caminar, hablar, leer y a vivir con los demás.

- **aprendizaje:** proceso de aprender las cosas por sí mismo. Existen aprendizajes fundamentales como caminar y hablar.
- **calcio:** sustancia almacenada en los huesos, necesaria para su crecimiento.
- **célula:** elemento constituyente de todo ser vivo, que se compone de una membrana, un núcleo y un líquido, llamado citoplasma.
- **crecimiento:** es el hecho de crecer. Hay dos períodos de crecimiento rápido: la lactancia y el principio de la adolescencia.
- **cromosoma:** elemento de la célula, que contiene los caracteres hereditarios.
- **hueso:** órgano duro que forma el esqueleto del ser humano.
- **infancia:** el primer período de la vida del ser humano, que va desde el nacimiento hasta la adolescencia.
- **músculo:** órgano formado por fibras que se contraen y se estiran.
- **órgano:** conjunto de tejidos.

La **infancia** es la primera etapa del crecimiento. Normalmente, se distinguen cuatro períodos: el período neonatal, desde el nacimiento hasta 1 mes; la lactancia de 1 mes hasta los 2 años; el período preescolar, hasta los 6 años y el período escolar, desde los 6 hasta los 12 años. Físicamente, el cuerpo se desarrolla (el peso y la altura aumentan) y se perfecciona. El niño adquiere las funciones esenciales, como caminar y hablar. Es la edad en la que hay que aprenderlo todo.

El cuerpo crece
El cuerpo crece desde los primeros días de vida hasta alrededor de los 18 o 20 años: es el

Esta niña descubre que puede levantarse sola.

proceso del **crecimiento**. El pequeño que, en el momento de nacer, pesa unos 3,2 kg y mide 50 cm, a los 10 años pesará 30 kg y medirá 1,37 m, aproximadamente. El tamaño aumenta de manera considerable hasta los 3 años: el primer año, alrededor de 20 cm; el segundo año, 10 cm, y luego de 4 a 5 cm por año hasta el final de la infancia, es decir, hasta los 12 años. Existen familias de personas altas y familias de personas bajas. La estatura está escrita en los genes de los **cromosomas** de cada ser humano (ver pág. 9). Niñas y niños crecen en la misma proporción durante la infancia.

Los **huesos**, los **músculos** y los **órganos** no se desarrollan todos al mismo tiempo ni a la misma velocidad. En el caso del cerebro, por ejemplo, los primeros años de vida son fundamentales. Las **células** del cerebro, las neuronas, dejan de dividirse después del nacimiento, pero sus múltiples redes se sitúan en su lugar durante los primeros años de vida.

Entre los 6 y los 30 meses, aparecen los veinte dientes de leche. Hacia los 6 años, éstos comienzan a caerse, y a los 12 o 13 años, el niño tendrá veintiocho dientes definitivos. Después de los 18 años, aparecerán cuatro muelas del juicio, y así los dientes aumentarán a treinta y dos.

Las necesidades de la infancia
El crecimiento hace que los huesos se desarrollen rápidamente: es necesario beber mucha leche y consumir sus derivados, ya que en ellos se encuentra el **calcio** para consolidarlos. El cuerpo del niño necesita energía para crecer, por ello se tiene más apetito cuando se es joven.
Este período de crecimiento requiere de una alimentación equilibrada. Un niño que se alimenta de manera adecuada mide cerca de

La infancia es también el tiempo de aprender a convivir.

Entre el nacimiento y los cuatro años un niño duplica su tamaño: desde 50 cm, hasta 1 metro de altura.

1,20 m a los 7 años, mientras que un niño mal alimentado puede medir 10 cm menos. La desnutrición, o alimentación insuficiente, frena el crecimiento. Los niños que carecen de determinados alimentos, a menudo padecen un retraso en el crecimiento. Sin embargo, la nutrición no es lo único necesario para que una persona se desarrolle, también es esencial que tenga mucho amor y una buena relación con los demás.

Aprender a caminar y a hablar

Durante la infancia, el cuerpo va desarrollando sus capacidades para volverse cada vez más autónomo. Es la edad del aprendizaje. Así, en los primeros meses de vida, el bebé aprende a utilizar sus músculos, a controlar sus brazos y piernas y luego, su equilibrio. Cuando el niño tiene 3 meses puede sostener la cabeza; cerca de los 6 o 7 meses sabe sentarse. Poco después, se desplaza a cuatro patas, gatea, y al año se pone de pie. Camina entre el año y el año y medio. Necesita todavía algunos meses para poder correr y algunos años para saltar con un pie o montar en bicicleta. Mientras aprende a caminar, el niño aprende a hablar. Al principio sólo emite sílabas. A los 12 o 14 meses, pronuncia sus primeras palabras: «mamá» y «papá». Hacia los 2 años, forma frases de dos o tres palabras y se hace entender. Durante el período preescolar, perfecciona lo que ha aprendido. El lenguaje se construye poco a poco y su vocabulario se enriquece. Entre los 18 meses y los 3 años, aprende a asearse. A los 3 años, sabe comer solo, sentarse a la mesa y empieza a vestirse sin ayuda, cada vez es más autónomo. Comprende los razonamientos, se vuelve sociable y empieza a desarrollar su personalidad. Más tarde, alrededor de los 6 años, ingresa en la escuela primaria, donde aprende a leer, escribir, contar, y también a reflexionar.

Jugar y vivir con los demás

El niño que crece no sólo se desarrolla física e intelectualmente, también descubre a las personas que lo rodean. Al principio, el bebé reconoce a sus padres, que constituyen su universo más cercano. Entre 1 y 3 años, se afirma su personalidad, que se forma mediante el contacto con personas conocidas. Ya siente curiosidad por entender cómo funciona su cuerpo, cómo se hacen los bebés, por qué sus padres se besan... El juego, actividad natural en el niño, favorece su desarrollo. A través de éste e imitando a los mayores, el niño imagina y descubre el mundo.

Los derechos del niño

Los niños necesitan ser protegidos. Para defender los derechos del niño, se elaboró un documento: la Convención de los Derechos del Niño. Este texto, adoptado en 1989, fue presentado para la revisión y aprobación de todos los estados del mundo; los que lo firmen, deberán llevarlo a la práctica. Un organismo internacional se encarga de vigilar que sea respetado.

Entre los primeros derechos que se definieron se encuentran: el derecho a vivir con sus padres, el derecho a la salud, a la educación, a la cultura, a ser alimentados, a descansar, a jugar, a divertirse y a tener protección frente a cualquier forma de explotación por el trabajo. Lamentablemente, estos derechos no siempre se respetan en el mundo.

Entre los 11 y los 13 años –en las niñas– y entre los 13 y los 15 años –en los niños– comienza la adolescencia, que marca el fin de la infancia. La pubertad transforma el cuerpo y la personalidad.

Hacerse adulto

La **adolescencia** comienza cuando el cuerpo vuelve a crecer con rapidez: de 5 a 7 cm por año y hasta 9 cm (los niños) y experimenta una gran transformación: se trata de la **pubertad**. La niña, poco a poco, se convierte en mujer; el niño, en hombre. Ambos serán capaces de tener sus propios hijos.

El cuerpo se transforma

Entre los 11 y los 13 años (para las niñas) y entre los 13 y los 15 años (para los niños), el cuerpo sufre importantes transformaciones. Durante los años siguientes, el adolescente se acostumbrará poco a poco a su nuevo cuerpo.

La señal de estas transformaciones es emitida en el cerebro por una glándula. Ésta envía nuevos estímulos a las glándulas sexuales (a los **ovarios** de las niñas y a los **testículos** de los niños), que empezarán a fabricar **hormonas** sexuales que acelerarán el crecimiento.

La pubertad en las niñas

En el pubis aparece el vello; además, comienzan a desarrollarse los senos: son los primeros signos externos de la pubertad femenina. Al mismo tiempo, los ovarios aumentan de tamaño y empiezan a funcionar. Entre los 11 y los 15 años, aparece la primera regla: es la **menstruación**. Cada mes (28 días de promedio), un ovario libera un **óvulo**. Al mismo tiempo, la pared del útero, órgano muscular hueco, rico en vasos sanguíneos, aumenta su espesor y se llena de sangre para acoger a un futuro bebé. Si el óvulo no es fecundado (ver pág. 8), una parte del útero comienza a sangrar, lo que produce una pérdida de sangre del cuerpo: la menstruación. Entonces comienza un nuevo ciclo. Tener la regla revela que el cuerpo puede acoger a un bebé, pero también indica que en ese mes no se concibió ningún bebé. Durante la pubertad, el peso del cuerpo aumenta, la cintura se afina, las caderas se ensanchan y los rasgos de la cara cambian.

Los adolescentes tienen su propio universo, su propia música, su propio mundo…

El grupo permite a los adolescentes compartir alegrías e ideas.

En la pubertad, aparece la barba en los chicos.

En la adolescencia, se busca la independencia.

Los pequeños problemas

A veces, es necesario alinear o enderezar los dientes definitivos mediante un aparato dental.
La espalda es también una zona frágil. Durante la adolescencia, se puede descubrir una escoliosis. Finalmente, pueden aparecer puntos negros y granos rojos en el rostro, cuello, pecho y espalda: es el acné. Se presenta en el 80% de los adolescentes, debido a que las glándulas secretan exceso de sebo, una sustancia grasa. No hay que exponerse al sol, ni apretar los granos ni quitar la grasa de la piel. Es importante hidratarla.

La pubertad en los niños

Las glándulas sexuales masculinas, o testículos, aumentan de tamaño y producen las células que permiten al hombre reproducirse: los **espermatozoides**. También aparece el vello y el pene se alarga. Los niños comienzan a tener eyaculaciones: el grosor de su pene aumenta, se endurece y produce un líquido que contiene los espermatozoides: el esperma. La piel de la cara se vuelve menos lisa y puede aparecer acné; crece la barba y los jóvenes comienzan a afeitarse. Su voz cambia y se vuelve más grave.

Reafirmar la personalidad

Crecer significa también que se producen cambios en la personalidad y en los sentimientos. Las relaciones con los demás se modifican. Durante la adolescencia, se siente la necesidad de reafirmarse, identificándose con ciertos ideales o, por el contrario, oponiéndose a la autoridad, especialmente a la de los padres. Se descubren nuevos e intensos sentimientos y emociones, grandes amistades y el amor. En este momento de la vida, se siente la necesidad de ser reconocido por los demás y por uno mismo: el adolescente se mira al espejo para verificar los cambios. También es un período de crisis y rebeldía, de duda entre las ganas de crecer y el miedo que esto despierta. Hacerse **adulto** supone ser capaz de decidir y elegir en la vida.

La edad adulta

Ser adulto significa haber terminado de crecer. Uno se hace adulto entre los 18 y los 20 años, cuando se alcanza la madurez física, intelectual y afectiva. Es el período de la vida en que el cuerpo llega a su mayor crecimiento, es más resistente y puede alcanzar su máximo desarrollo en los deportes, con menos riesgo de lesiones que durante la infancia y la adolescencia. Los adultos pueden reproducirse, es decir, tener hijos. Los adultos trabajan, son autónomos y asumen responsabilidades.

17

Besarse es una de las expresiones del deseo.

La vida sexual

El preservativo

El preservativo es a la vez un método anticonceptivo y un medio de prevención contra ciertas enfermedades.

El uso del preservativo evita el embarazo y también es una protección contra el sida.

Es una funda de goma, fina y elástica, que impide que el esperma del hombre llegue a la vagina de la mujer durante el acto sexual. Antes de mantener relaciones sexuales, el hombre se coloca el preservativo recubriendo el pene con él. Después de la eyaculación, el preservativo debe retirarse inmediatamente. Un preservativo debe utilizarse una sola vez y para una sola relación sexual.

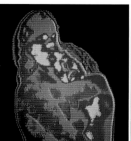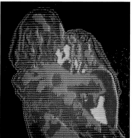

Los besos y las caricias aumentan la temperatura de algunas zonas del cuerpo (en color rojo, las que alcanzan mayor temperatura).

Desde la **pubertad**, los hombres y las mujeres poseen órganos que les permiten mantener relaciones sexuales y, si lo desean, concebir hijos. Durante la **adolescencia** es cuando descubren el deseo y el placer sexual.

Deseo y placer

El deseo aparece en la adolescencia. Se manifiesta por la necesidad de estar siempre con la otra persona, de tocarla, por los sueños, por la tristeza ante una separación, o bien por los celos.

A medida que la persona va madurando, la naturaleza sexual del deseo se hace más evidente: la necesidad de estar con la persona deseada se transforma claramente en ganas de hacer el amor con ella. Aunque no se sepa muy bien qué hacer ni qué decir.

La aparición del deseo es paralela al desarrollo de los órganos sexuales que se convierten en posibles fuentes de placer.

La relación sexual

Cuando un hombre y una mujer sienten deseo el uno del otro, se besan, se acarician y

La relación sexual.
Cuando un hombre y una mujer tienen una relación sexual, el pene del hombre penetra en la vagina de la mujer. En el momento del orgasmo, el pene expulsa el esperma y un espermatozoide puede fecundar un óvulo.

tienen una relación sexual; el pene del hombre se alarga y se pone duro. De esta manera, puede penetrar en la vagina de la mujer. Esta unión les proporciona placer, cuyo momento más intenso es lo que se conoce como orgasmo.

En el hombre, el orgasmo se acompaña de la eyaculación: el pene despide un líquido que contiene espermatozoides, el esperma. Los espermatozoides, una vez depositados en la vagina, penetran en el útero, el órgano de gestación de la mujer, y llegan a las trompas de Falopio, donde está el óvulo. Aunque haya muchos espermatozoides (de 120 a 300 millones), de los varios millones que entran en la vagina sólo unos centenares llegarán hasta el óvulo (ver págs. 8-9) para rodearlo por completo. Finalmente, sólo uno conseguirá introducirse en el citoplasma de la

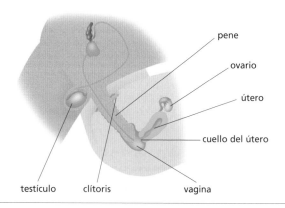

pene
ovario
útero
cuello del útero
testículo   clítoris   vagina

Las caricias proporcionan placer.

célula femenina para fecundarla. La mujer quedará embarazada. En la actualidad, concebir un hijo suele ser más una decisión consciente que resultado del azar. Esta evolución se debe a los avances científicos y médicos que han hecho posible un conocimiento cada vez más preciso de cómo funciona el cuerpo humano.

Métodos anticonceptivos

Para evitar el embarazo, el hombre o la mujer deben tomar precauciones y utilizar **métodos anticonceptivos**. Existen varios métodos anticonceptivos. La píldora es un comprimido que toma la mujer y que inhibe la ovulación, es decir, impide la producción de óvulos. El hombre utiliza el preservativo, una especie de funda de goma fina y elástica que coloca en el pene antes de la relación

sexual. La mujer también puede utilizar el diafragma, una membrana de caucho que obstruye la entrada del útero, o un dispositivo intrauterino (DIU) que impide la implantación del óvulo fecundado.

El amor con menos riesgos

Hacer el amor puede comportar riesgos. Algunas enfermedades se transmiten al mantener relaciones sexuales, se les llama enfermedades de transmisión sexual. Algunas pueden ser muy graves, como el sida (ver pág. 73). Una sola relación sexual sin protección basta para contagiarse. La utilización sistemática del preservativo es una protección eficaz.

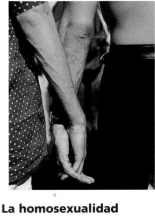

La homosexualidad

La atracción entre personas del mismo sexo, es decir, cuando un hombre desea a otro hombre o cuando una mujer desea a otra mujer, se llama homosexualidad. El término homosexual se aplica indistintamente a hombres y mujeres, aunque para éstas se suele emplear con más frecuencia el término de lesbianismo.
Las parejas homosexuales tienen relaciones sexuales pero no pueden tener hijos.
La homosexualidad puede provocar que el hombre o la mujer homosexual se sienta diferente, «anormal», e incluso excluido. Pero en la actualidad, la homosexualidad está más aceptada y muchos homosexuales, o gays, viven abiertamente su amor.
En algunos países, éstos tienen el mismo reconocimiento que las parejas no casadas.

Cuando dos personas se desean, sienten necesidad de estar juntas y de buscar el placer. ▶

La vejez

La vejez es el último período de la vida. El envejecimiento está programado en las células: después de los 60 años el cuerpo se vuelve más frágil. Es necesario aumentar los cuidados para seguir estando en forma.

◑ **célula:** elemento constituyente de todo ser vivo, que se compone de una membrana, un núcleo y un líquido, llamado citoplasma.

◑ **cerebro:** órgano principal del sistema nervioso, situado en el cráneo, que controla las funciones voluntarias y reflejas del cuerpo.

◑ **coma:** estado momentáneo o prolongado de la persona que ha perdido la conciencia y que, aunque conserva sus funciones vitales, no reacciona.

◑ **corazón:** músculo hueco que bombea la sangre en el cuerpo.

◑ **menopausia:** detención definitiva de la menstruación en la mujer. Generalmente se produce después de los 45 años.

◑ **muerte:** cesación completa y definitiva de la vida. Puede ser natural o accidental.

◑ **piel:** membrana gruesa, resistente y flexible que recubre externamente el cuerpo. Se distinguen tres capas: epidermis, dermis e hipodermis.

◑ **pulmones:** órganos de la respiración que proporcionan oxígeno al cuerpo y eliminan el dióxido de carbono de la sangre.

◑ **vejez:** último período de la vida, que se caracteriza por la disminución de las funciones vitales.

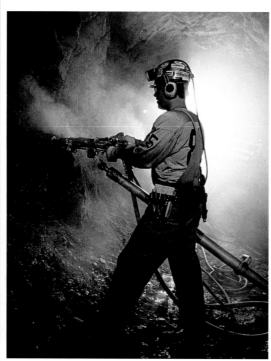

Las condiciones laborales son, en ocasiones, demasiado duras para el cuerpo (ruidos, polvo, etc.).

Practicar deporte es esencial para conservar el cuerpo y mantenerlo en forma.

Envejecer es un fenómeno común a todos los seres vivos. La **vejez** está inscrita en cada una de nuestras **células**. Las células están «programadas» para multiplicarse una determinada cantidad de veces, pero no indefinidamente. Algunas células dejan de hacerlo muy pronto. Por ejemplo, las células nerviosas dejan de multiplicarse mucho antes del nacimiento, pero entonces ya tenemos suficientes en stock, y a los 70 años el **cerebro** puede estar tan activo como a los 20.

Un cuerpo más frágil

Envejecemos de forma progresiva. Los signos del envejecimiento se manifiestan físicamente: la **piel** pierde su tersura, se arruga; los músculos a menudo pierden volumen; las articulaciones se vuelven más rígidas y los huesos se hacen más frágiles. Sin embargo,

practicar una actividad física permite mantener el cuerpo en forma, especialmente los deportes como el yoga, o algunas danzas y gimnasias suaves, que no se basan en la fuerza muscular.

Para la mujer, envejecer significa además no concebir más hijos. El período en que los ovarios dejan de producir óvulos o termina la menstruación se denomina **menopausia**. Por lo general, se presenta entre los 45 y los 55 años. También pueden disminuir el sueño, el apetito y la memoria. Sin embargo, actualmente, vivimos cada vez más años, envejecemos mejor y nos mantenemos más tiempo activos. En el mundo actual, la esperanza de vida, en promedio, es de 68 años (Instituto Nacional de Estadística e Informática, 2000), mientras que en la Edad Media, rara vez se sobrepasaban los 40 años.

Una pareja de ancianos en un parque, en Japón.

Vejez e independencia

En algunos casos, la mente se debilita al mismo tiempo que el cuerpo. Se dice entonces que nos hemos vuelto seniles, que «hemos vuelto a la infancia». La senilidad es el conjunto de manifestaciones de envejecimiento anormal del cerebro: pérdida de la memoria, de la orientación en el tiempo y el espacio, del reconocimiento de los familiares, del discernimiento. La senilidad es siempre delicada, y lo es más cuando se presenta precozmente, como en el caso de algunas enfermedades degenerativas (enfermedad de Alzheimer). La disminución de las capacidades físicas y, a veces, mentales, hace que algunas personas mayores pierdan, al menos en parte, su autonomía. Las actividades cotidianas se vuelven cada vez más difíciles y casi imposibles de llevar a cabo, como por ejemplo salir a comprar o preparar la comida. Las personas en estado de gran dependencia ni siquiera pueden hacerse cargo de su higiene.

El fin de la vida

Morir es, definitivamente, dejar de vivir. Es el cese de la actividad del **corazón**, de los **pulmones** y del cerebro. La **muerte** se produce cuando el corazón se

El envejecimiento puede apreciarse en la piel.

Un muerto en el féretro, rodeado por sus familiares y amigos.

detiene o los pulmones no pueden extraer oxígeno del aire y dejan de funcionar, o también cuando el cerebro está seriamente dañado. Para vivir, el organismo necesita oxígeno. Cuando el corazón se detiene, la sangre deja de circular y no llega oxígeno a las células. El cerebro no funciona y ya no cumple su papel. Cuando la muerte no es repentina, es precedida por la agonía: etapa en la que el moribundo pierde paulatinamente la conciencia, respira con dificultad y se apaga poco a poco.

La muerte cerebral, o **coma** profundo, es un estado en el que el cerebro no tiene actividad alguna, lo que desencadena la muerte.

Vejez y sabiduría

La imagen del «sabio» es a menudo la de un anciano o anciana. Respecto de la juventud, la vejez tiene la ventaja de la experiencia. Además, por la proximidad de la muerte, el anciano reflexiona acerca de la vida (especialmente de la propia), de su significado, de lo que hay y no hay después... En algunas civilizaciones de África, Asia y entre los indios americanos, la vejez es admirada y respetada. Cuando los adultos jóvenes deben enfrentarse a una

decisión importante, consultan a los «sabios»: las personas de más edad en el grupo. Ellos son los que tienen mayor experiencia por el hecho de haber vivido más. La visión del mundo y de la vida que tiene el anciano es más despreocupada y, por lo general, más acertada que la de las nuevas generaciones.

Como funcion

el cuerpo humano

Así como una casa está hecha de ladrillos o piedras, el cuerpo humano está formado por un gran conjunto de células. Estas células, microscópicas, se reúnen para formar los tejidos, los órganos y los distintos sistemas.

Los componentes de

- ◐ **célula:** elemento constituyente de todo ser vivo, que se compone de una membrana, un núcleo y un líquido, llamado citoplasma.
- ◐ **cromosoma:** elemento de la célula, que contiene los caracteres hereditarios.
- ◐ **dermis:** capa intermedia de la piel que separa la epidermis de la hipodermis.
- ◐ **epidermis:** capa superficial de la piel.
- ◐ **gen:** elemento de un cromosoma que condiciona la transmisión y manifestación de un carácter hereditario determinado.
- ◐ **hipodermis:** parte profunda de la piel, situada bajo la dermis.
- ◐ **melanina:** pigmento presente en la piel, el cabello y los ojos que da el color a la piel y la protege de los rayos del sol.
- ◐ **órgano:** conjunto de tejidos.
- ◐ **piel:** membrana gruesa, resistente y flexible que recubre externamente el cuerpo. Se distinguen tres capas: epidermis, dermis e hipodermis.
- ◐ **queratina:** sustancia que impregna la epidermis, los pelos y las uñas.
- ◐ **sebo:** sustancia que se extiende sobre la superficie de la epidermis, lubrica la piel y la mantiene flexible.
- ◐ **tejido:** asociación de células.

Las **células** son los elementos básicos de todo ser vivo, ya sea humano, animal o vegetal. Poseen todo aquello que hace posible la vida. Conforman el cuerpo entero, incluida la **piel** que lo recubre.

Las células

Algunos organismos llamados microorganismos están constituidos por una sola célula. El ser humano, al contrario, cuenta con 50 000 millones de ellas. Todas las células están formadas por los mismos elementos: la membrana, el núcleo y el citoplasma.

La membrana desempeña la función de una «piel» que envuelve a la célula, y que retiene el citoplasma contenido en su interior. Al mismo tiempo permite los intercambios entre la célula y su entorno: algunas sustancias y el agua entran y salen de la célula. En el citoplasma flotan pequeños elementos, los orgánulos, que desempeñan funciones muy precisas.

El centro de operaciones de la célula es el núcleo, que contiene toda la información de la célula, en forma de códigos: son los **genes** contenidos en los **cromosomas**. Si la célula fuese un ordenador personal, el núcleo sería el disco duro y los genes, los programas instalados en ese disco duro.

Toda vida humana nace a partir de una célula huevo que se divide. De sus divisiones provienen los millones de células que forman el cuerpo humano; éstas son idénticas entre sí durante los primeros días posteriores a la formación del huevo, pero luego pierden esta similitud. Después de haberse dividido, las células se transforman, por ejemplo, en células musculares para realizar los movimientos o en células de la piel para proteger el cuerpo. Cada categoría de células es distinta a las demás, cumple una función precisa en el cuerpo y está adaptada a ella: son las células llamadas diferenciadas.

La transformación de las células no les impide seguir dividiéndose. En los niños, al igual que en los adultos, cada día mueren células que han envejecido y son reemplazadas por otras nuevas que se han formado mediante la división.

Glóbulo blanco de la sangre visto en el microscopio.

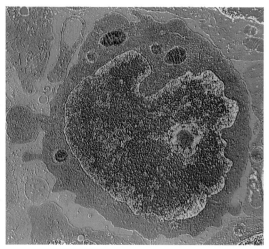

De las células a los órganos

En el cuerpo, una misma categoría de células diferenciadas (células musculares o células glandulares, por ejemplo) forma un **tejido** (tejido muscular o tejido glandular), con una función determinada (la contracción que origina los movimientos o la producción de sustancias útiles al organismo).

Asimismo, distintos tejidos pueden agruparse en una masa diferente y formar un **órgano**. El estómago, por ejemplo, conduce los alimentos a través del tejido muscular y fabrica sustancias para digerirlos gracias al tejido glandular. De este modo, dos tipos de tejidos se han unido para crear un órgano y una nueva función: la digestión.

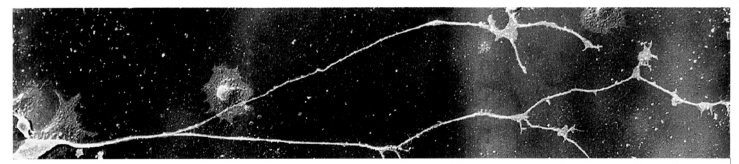
Células nerviosas conectadas entre sí por largos filamentos.

cuerpo

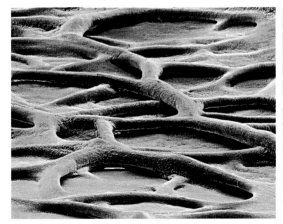
Células de la vesícula biliar, especie de saco situado debajo del hígado que contiene la bilis.

Conjunto, o lóbulo, de células del hígado con una vena en el centro.

Estudio del esqueleto

Gracias a distintas técnicas, es posible hacer «transparente» el cuerpo, es decir, observar desde el exterior los órganos así como las posibles anomalías, generalmente invisibles.

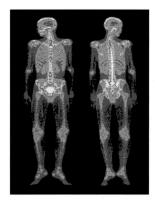

Esta fotografía representa una gammagrafía, es decir, una técnica que permite el estudio gráfico de las emisiones radiactivas de un órgano determinado; en este caso los huesos.

Su principio es simple: se inyecta en el cuerpo un producto radiactivo, que no es peligroso, y que se fija sobre un tejido o en algún órgano. Éstos emiten entonces una radiación, captada por una cámara conectada a un ordenador que la transforma en imagen. Mediante varias imágenes consecutivas, se obtienen datos acerca del hueso y del funcionamiento de los tejidos que lo constituyen.

Los sistemas

La boca y el estómago no se encuentran en el mismo lugar, pero ambos permiten al cuerpo alimentarse. Cuando distintos órganos participan en la misma función, a pesar de no encontrarse uno al lado del otro, pertenecen al mismo sistema o aparato.

Los sistemas del cuerpo humano son:
- el **sistema nervioso**, con el cerebro, la médula espinal y los nervios;
- el **sistema circulatorio**, con el corazón y los vasos sanguíneos;
- el **sistema respiratorio**, con las vías respiratorias y los pulmones;
- el **sistema digestivo**, con el tubo digestivo y las glándulas digestivas;
- el **sistema urinario**, con los riñones y las vías urinarias;
- el **sistema reproductor**, con las glándulas reproductoras y los órganos asociados;
- el **sistema hormonal**;
- el **sistema inmunitario**, que defiende el cuerpo.

El medio interno

El cuerpo encierra líquidos compuestos por agua y sustancias químicas. Las células, que a su vez están compuestas por un 60% de agua, están inmersas en un líquido que las rodea y evita que se resequen: es el medio interno del cuerpo. Las células encuentran allí todo lo que necesitan para nutrirse y también echan sus desechos.

El cuerpo contiene otros líquidos, la sangre y la linfa, pero éstos están encerrados en el interior de vasos. La sangre que circula por todo el cuerpo desempeña la función de transportador. La linfa drena el exceso de agua y se lleva los microorganismos que han logrado penetrar dentro de los órganos.

Corte del hígado (en color naranja y en la parte superior) en un escáner.

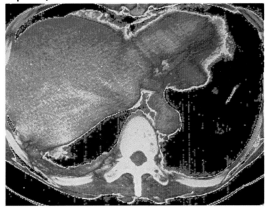

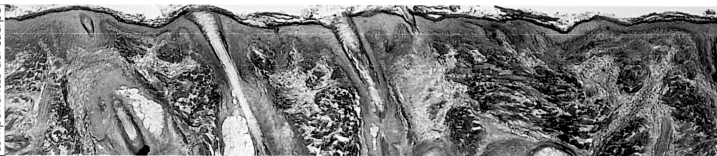

Corte del cuero cabelludo. La raíz de los cabellos se encuentra en la dermis.

El recubrimiento del cuerpo: la piel

Las huellas digitales

La piel de la yema de los dedos está llena de surcos muy finos en forma de arcos, círculos y remolinos. El conjunto de estos surcos forma una figura llamada huella digital. Su disposición varía de un individuo a otro, incluso en el caso de los gemelos. Además, en una misma persona, la huella digital de cada dedo es distinta a la de los nueve restantes. Durante una investigación judicial, la toma de las huellas y su comparación con las huellas archivadas de individuos fichados por la policía permiten identificar al posible sospechoso. Al comparar las huellas digitales de dos individuos, se pueden observar hasta cien diferencias en un mismo dedo.

Sin embargo, sólo bastan unas cuantas semejanzas para que la policía considere que ambas huellas pertenecen a la misma persona y así arrestar al culpable.

La **piel** cubre todo el cuerpo. Es la frontera entre el mundo que rodea al ser humano y el interior del cuerpo, al cual protege. La piel es un **órgano** visible desde el exterior y aporta información acerca del estado de salud.

La piel, un órgano protector

La piel regula la temperatura del cuerpo. Por encima de los 37 °C, la piel transpira. Se elimina así el agua a través de pequeños orificios que se encuentran en su superficie, los poros; el agua se evapora y de esta manera se elimina el calor. La piel contiene elementos microscópicos, corpúsculos del tacto, que permiten sentir el frío, el calor, la humedad, etc., y reconocer el dolor.

Sin embargo, ante todo, la piel protege el cuerpo. Representa alrededor del 10 % del peso total del cuerpo.

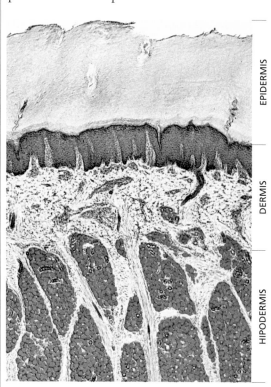

Corte de la piel que muestra las tres capas.

Los cabellos crecen en la dermis de la piel: son rizados como en la foto, ondulados o lacios.

Las tres capas de la piel

La piel está formada por tres capas superpuestas: la **epidermis**, la **dermis** y la **hipodermis**. Cada una tiene su propia función.

• La epidermis, situada en la superficie, se compone de **células**, de las cuales las más externas están muertas e impregnadas de una sustancia, la **queratina**. Esta sustancia la impermeabiliza. La epidermis también impide que el organismo sea invadido por microbios y actúa de barrera frente al exterior.

Se regenera sin cesar gracias a su parte profunda que permite la cicatrización de las heridas y produce la capa externa.

• La dermis se encuentra debajo de la epidermis; contiene fibras resistentes y también fibras elásticas que dan a la piel solidez y flexibilidad. La dermis contiene los vasos sanguíneos que aportan a la piel sustancias nutritivas.

• La hipodermis, situada debajo de la dermis, es un **tejido** graso que protege la piel amortiguando los golpes. Esta capa se denomina también capa subcutánea.

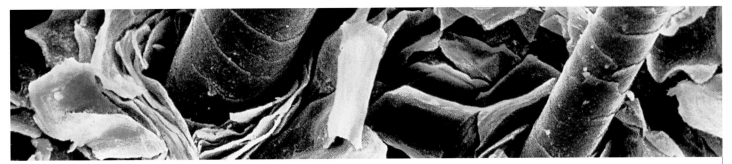
Cabellos vistos en un microscopio electrónico.

La actividad de la piel

Constantemente se desprenden finas películas de piel muerta: se dice que la piel se descama. A pesar de este proceso, su espesor de 1 mm no varía.

En la epidermis, las células se dividen y reemplazan a las que han muerto. De esta manera, la piel se renueva casi totalmente cada tres semanas, a pesar de que este proceso no es visible. La piel fabrica vello, cabello y uñas. El vello y los cabellos son filamentos impregnados de queratina. En la base de cada pelo, un músculo lo eriza bajo el efecto del frío, produciendo la «piel de gallina». El cabello también está conectado a una glándula sebácea que secreta **sebo**, una sustancia grasa que protege a la vez el pelo y la piel. Las uñas también se componen de queratina.

La piel posee color gracias a la **melanina**, una sustancia pigmentadora que es secretada por algunas de sus células. Las pieles claras contienen menos melanina que las oscuras. Cuando estas células se agrupan, forman placas: los lunares.

La piel, la salud y la edad

Una piel clara y fina tiene un color rosado. Cuando un niño está pálido, hay que preocuparse, ya que tal vez le falten glóbulos rojos. La piel también puede llenarse de granos. Éstos indican a veces la presencia de una enfermedad. Según la forma y el color de los granos, el médico puede identificarla. A cada edad corresponde un tipo de piel; en los adolescentes puede aparecer el acné (ver pág. 17), mientras que en las personas mayores se llena de arrugas.

El Sol y la piel

El Sol colorea la piel dándole un tono moreno: es el bronceado. Esto es debido a que ciertas células de la piel producen una sustancia de color oscuro, la melanina, que funciona como un filtro protector que detiene los rayos solares.

Las pieles blancas contienen menos melanina que las pieles oscuras y por lo tanto, están menos protegidas frente al Sol.

El Sol es peligroso si se abusa de él. Cuando la exposición es demasiado rápida, el cuerpo no tiene tiempo de fabricar la melanina y la piel se quema. Es importante tomarlo de manera progresiva, utilizando una crema protectora, especialmente las personas de piel clara. Más graves todavía son las consecuencias de las reiteradas exposiciones al Sol, ya que se pueden dañar las células e incluso provocar, al cabo de varios años, cáncer de piel.

El color de la piel depende de un pigmento, la melanina.

El aparato locomotor está formado por el esqueleto y los músculos, que permiten al ser humano permanecer erguido y desplazarse. Al contraerse, los músculos actúan sobre los huesos y los ponen en movimiento.

El movimiento

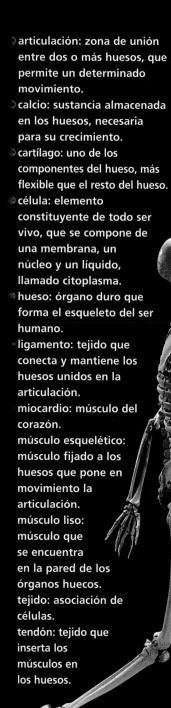

articulación: zona de unión entre dos o más huesos, que permite un determinado movimiento.

calcio: sustancia almacenada en los huesos, necesaria para su crecimiento.

cartílago: uno de los componentes del hueso, más flexible que el resto del hueso.

célula: elemento constituyente de todo ser vivo, que se compone de una membrana, un núcleo y un líquido, llamado citoplasma.

hueso: órgano duro que forma el esqueleto del ser humano.

ligamento: tejido que conecta y mantiene los huesos unidos en la articulación.

miocardio: músculo del corazón.

músculo esquelético: músculo fijado a los huesos que pone en movimiento la articulación.

músculo liso: músculo que se encuentra en la pared de los órganos huecos.

tejido: asociación de células.

tendón: tejido que inserta los músculos en los huesos.

Los órganos del cuerpo son blandos, por ello necesitan un soporte rígido, los **huesos**, cuyo conjunto forma el esqueleto. Si el esqueleto no existiera, el cuerpo del ser humano no tendría forma y éste no podría permanecer erguido. Sin los músculos, no podría moverse.

El esqueleto, armazón del cuerpo

El esqueleto soporta el peso del cuerpo. Los huesos son rígidos y sólidos, ya que almacenan **calcio**, un elemento que el cuerpo necesita constantemente.

El esqueleto se compone de doscientos seis huesos divididos en tres grupos: esqueleto del tronco, esqueleto de las extremidades y esqueleto de la cabeza. El esqueleto del tronco, o columna vertebral, se compone de treinta y tres vértebras. Constituye un eje sobre el que se apoya todo el cuerpo. En las vértebras están fijadas las costillas que forman la caja torácica, la cual protege los pulmones.

El esqueleto de las extremidades se divide en tres partes: brazo, antebrazo y mano, en el caso de la extremidad superior; y muslo, pierna y pie, en el caso de la extremidad inferior. El ser humano se mantiene erguido y se desplaza sobre las dos extremidades inferiores.

Finalmente, el esqueleto de la cabeza comprende el cráneo y los huesos de la cara. Al igual que un casco, el cráneo

Los huesos del esqueleto sostienen el cuerpo y le dan su forma.

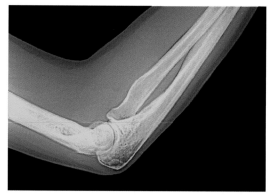

Los huesos del brazo y el antebrazo están conectados por una articulación: el codo.

protege al cerebro. El esqueleto de la cara, compuesto por los huesos de la nariz, los pómulos y las mandíbulas, da forma al rostro. Los huesos tienen distintas formas; la tibia no se parece en nada a un hueso del cráneo o a una vértebra. Se distinguen los huesos largos, los huesos cortos y los huesos planos.

¿Qué es un hueso?

Los huesos están rodeados por el periostio, una membrana que contiene vasos sanguíneos y nervios. Debajo del periostio se encuentra una capa de **tejido** óseo compacto y, debajo de éste, un tejido menos denso, el hueso esponjoso. En el interior de los huesos está la médula ósea, que produce las **células** de la sangre.

Durante la infancia y la adolescencia, los huesos crecen a partir del **cartílago**, que es duro pero sumamente flexible. El cartílago se transforma en hueso a medida que se deposita calcio entre sus células. Los huesos de una persona están osificados alrededor de los 17 años. Algunos vasos sanguíneos penetran en el interior de los huesos y les aportan lo que necesitan para nutrirse. Cuando los huesos están rotos, se habla de fractura. Se reparan solos fabricando hueso nuevo. El yeso o los

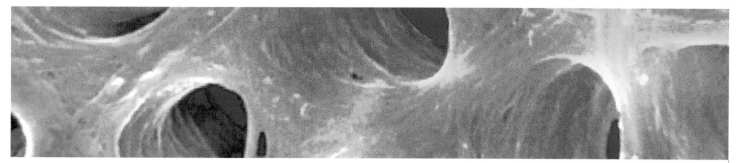

Detalle de un hueso visto en un microscopio electrónico.

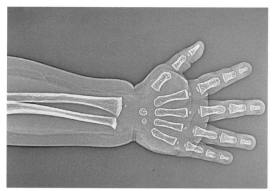

Al año, el cartílago separa los huesos de la mano.

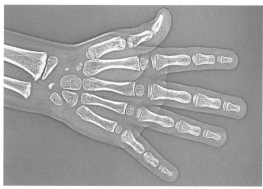

A los seis años, el cartílago es reemplazado por hueso.

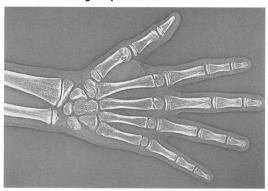

A los trece años, la formación del hueso sigue su curso.

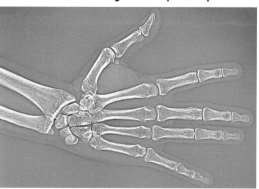

En los adultos, los huesos alcanzan su tamaño definitivo.

Los tres tipos de huesos: cortos, largos y planos

Los huesos cortos tienen una forma más o menos cúbica.

1

Éstos son, por ejemplo, huesos como las vértebras (1), los distintos huesos que componen la muñeca (carpo) o la parte posterior del pie (tarso). Los huesos largos, como el fémur (2), se encuentran en las extremidades y permiten realizar grandes movimientos.

2

vendajes que utilizan los médicos permiten recolocar los trozos en la posición correcta. Sin embargo, el hueso realiza el trabajo más difícil, es decir, vuelve a soldarse solo.

El esqueleto y el movimiento

Para realizar diferentes movimientos, el cuerpo debe ser capaz de doblarse y estirarse. Por este motivo, los huesos no están soldados entre sí y se desplazan unos respecto de otros en una zona llamada **articulación**.

Las vértebras, por ejemplo, están conectadas entre sí por discos flexibles, lo cual permite a la columna vertebral y al tronco doblarse de adelante hacia atrás y hacia los costados. En el codo, los huesos del antebrazo, el radio y el cúbito se articulan en el húmero, el hueso del brazo. A diferencia de las vértebras, la forma de esta articulación permite movimientos en un solo sentido.

Para frenar el desgaste de los huesos, sus extremidades están recubiertas de cartílago, permitiéndoles deslizarse unos contra otros sin rozarse. Además, la articulación de los huesos largos está encerrada dentro de una cápsula que contiene un líquido viscoso que, al igual que el aceite en un motor, evita el desgaste de las diferentes partes que lo componen.

Los huesos tienen que poder moverse y al mismo tiempo permanecer unidos. Ésta es la función de los **ligamentos** que los conectan entre sí. Cuando una persona se tuerce un tobillo, puede romperse un ligamento: es un esguince. Cuando dos huesos ya no se articulan juntos, se habla de una luxación.

3

Los huesos planos, como los del cráneo (3), forman una envoltura protectora; los de la pelvis, por ejemplo, permiten el movimiento de las extremidades inferiores respecto del tronco.

Este deportista utiliza sus *músculos voluntarios* para subir los peldaños.

Los músculos

Trabajo del bíceps

Los músculos funcionan siempre contrayéndose y tirando de un hueso. Cuando una persona estira el brazo, el músculo situado por detrás de éste, el tríceps, se contrae tirando del cúbito y del bíceps, y el bíceps, músculo situado en la parte delantera del brazo, se relaja.

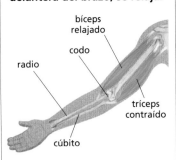

bíceps relajado
codo
radio
tríceps contraído
cúbito

Cuando se dobla el brazo, se produce el proceso contrario: el tríceps se relaja y el bíceps se contrae, tirando del radio. Los movimientos son el resultado del trabajo en sentido opuesto del bíceps y el tríceps: son músculos antagonistas. ¿Cómo sabe un músculo que debe contraerse o relajarse? Porque recibe una orden del cerebro, transmitida a través de los nervios.

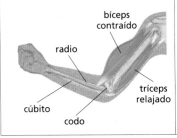

bíceps contraído
radio
tríceps relajado
cúbito
codo

Mover un dedo, parpadear, girar la cabeza, caminar o saltar, todos los movimientos son producidos por los músculos.
Los huesos del esqueleto sostienen el cuerpo; sin embargo, si el ser humano sólo tuviera **huesos**, no podría moverse y se desplomaría como un títere.

¿Qué es un músculo?

Es un órgano formado por **células** que tienen la propiedad de contraerse. La contracción es la que origina el movimiento.
Incluso para realizar el gesto más simple, es necesario que varios músculos trabajen simultáneamente. Los músculos se encuentran por todo el cuerpo, bajo la piel o a mayor profundidad.
Existen tres tipos de músculos: los **músculos esqueléticos** o *voluntarios*, que dependen de la voluntad; los **músculos lisos**, y el músculo del corazón o **miocardio**, ambos *involuntarios*.

Los músculos esqueléticos

Los músculos esqueléticos o estriados son los más visibles y los que se desarrollan con el ejercicio físico. Están fijados a los huesos a través de los **tendones** y permiten el movimiento. Si se desea coger un objeto o subir una escalera, estos músculos entran en acción, dirigidos por el cerebro. Visto en el microscopio, un músculo presenta células muy alargadas y paralelas entre sí: son las células musculares. Además, las células musculares de un músculo esquelético se ven estriadas, de ahí su nombre de músculo estriado. En el citoplasma de esas células se encuentran unos filamentos alargados y elásticos que permiten las contracciones. Cuando los músculos estriados se contraen, se acortan, tiran de los huesos a los cuales están fijados y desencadenan el movimiento. La actividad de los músculos está siempre coordinada por el cerebro.

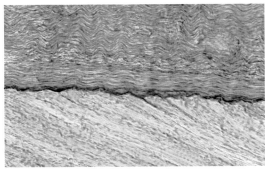

Músculo estriado fijado a un tendón.

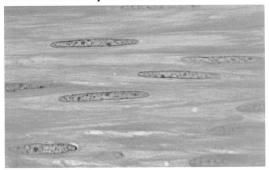

Músculo liso.

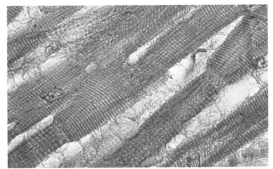

Músculo cardíaco.

Los músculos lisos y el músculo cardíaco

El cuerpo también realiza muchos otros movimientos que no controla y de los cuales, generalmente, no tenemos conciencia. Estos movimientos automáticos se producen en los músculos lisos y en el músculo cardíaco o miocardio.
Los músculos lisos recubren la pared de numerosos órganos: bronquios, estómago,

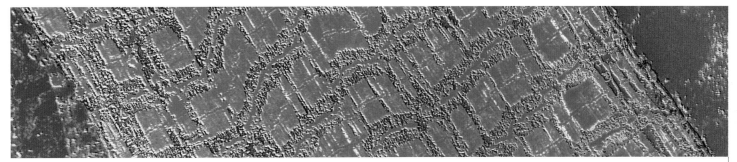

Fibras musculares de un músculo estriado vistas en un microscopio electrónico.

intestino, etc. Sus células, vistas en el microscopio, parecen lisas, de ahí su nombre. Es más fácil «escucharlos» que verlos funcionar: por ejemplo, el ruido de gorgoteo cuando una persona tiene hambre se debe a los músculos del estómago que se contraen y desplazan el aire.

El tercer tipo de músculo es el miocardio o músculo cardíaco. Es estriado al igual que el músculo esquelético. El miocardio es grueso y resistente; trabaja siempre noche y día, durante toda la vida.

El funcionamiento de los músculos

Un músculo es como un motor, para contraerse consume energía, desprende calor y elimina desechos. Los músculos necesitan glucosa y oxígeno, que extraen de la sangre. La glucosa es su combustible y el oxígeno les permite quemar este combustible para producir energía. Al igual que un motor, expulsan un gas de escape, el dióxido de

El ciclista desarrolla los músculos de sus piernas.

carbono. Si le falta oxígeno, el músculo se cansa y luego se bloquea. Cuando el músculo cardíaco carece de oxígeno, pueden producirse enfermedades graves del corazón.

Los músculos de la risa

Cuando una persona se ríe o sonríe, entran en funcionamiento quince músculos diferentes: son los músculos del rostro y del cuello, en particular los de los párpados y de la boca.
Se trata de músculos estriados, también llamados *voluntarios*. No actúan sobre el esqueleto, sino sobre la piel, a la cual están fijados. Intervienen en todas las expresiones del rostro: risa, sonrisa, tristeza, llanto e incluso muecas. Como son muchos, permiten una gran variedad de expresiones.

Desarrollar la musculatura

Cada tipo de ejercicio favorece el desarrollo de un músculo determinado. Este deportista (izquierda) trabaja su abdomen. La halterofilia es otro ejemplo: para levantar grandes pesos se necesitan músculos muy potentes.

31

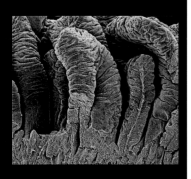

El ser humano necesita los alimentos para crecer y mantener una buena salud. El organismo transforma los alimentos, los digiere y produce desechos que deben eliminarse.

La nutrición del cuerpo

- ◖ **bilis:** líquido segregado por el hígado, que se elimina en el intestino.
- ◖ **célula:** elemento constituyente de todo ser vivo, que se compone de una membrana, un núcleo y un líquido, llamado citoplasma.
- ◖ **esófago:** tubo que conduce los alimentos hasta el estómago.
- ◖ **estómago:** órgano en forma de bolsa en el cual se procesan los alimentos.
- ◖ **glándula sudorípara:** glándula de la piel que produce el sudor.
- ◖ **heces:** conjunto de materias eliminadas por vía rectal, como consecuencia de la formación de residuos en el proceso de la digestión.
- ◖ **intestino:** tubo largo en el cual los alimentos se digieren y luego se absorben.
- ◖ **orina:** líquido excretado por los riñones, que permite eliminar los desechos.
- ◖ **riñones:** órganos que segregan la orina.
- ◖ **saliva:** líquido producido por las glándulas salivales presente en la boca, que envuelve los alimentos.
- ◖ **sudor:** líquido eliminado por la piel.
- ◖ **tejido:** asociación de células.
- ◖ **uréter:** canal que transporta la orina desde el riñón hasta la vejiga.
- ◖ **vejiga:** receptáculo abdominal en el que se acumula la orina.

Los alimentos aportan al organismo materiales para su formación y energía para mantenerse activo. Sin embargo, éste no puede utilizarlos tal como los recibe. Primero, deben ser transformados: es el proceso de la digestión, que ocurre desde el momento en que la persona come hasta que elimina los desechos.

Etapas de la digestión
Todo alimento sólido o líquido entra por la boca y circula por el tubo digestivo, el cual, si fuera desplegado, alcanzaría 9 m de largo. En la masticación, primera etapa de la digestión, los alimentos se cortan, descomponen y mezclan con la **saliva** por acción de los dientes y la lengua. Luego, son tragados y conducidos, gracias a las contracciones de los músculos del **esófago**, hasta el **estómago**, donde son mezclados e impregnados con el jugo gástrico, y adquieren una consistencia similar a una sopa de guisantes. Enseguida pasan al intestino delgado, que termina de descomponerlos gracias a la **bilis** y al jugo del páncreas. Al final del **intestino** delgado, los alimentos ya están disueltos. Cuando la digestión termina, los alimentos se han convertido en sustancias tan pequeñas que atraviesan la pared del intestino y pasan a la sangre. Pero no todo ha sido digerido. Los residuos de la digestión llegan al intestino grueso, donde se secan y se vuelven sólidos, luego pasan al recto y son evacuados por el ano en forma de **heces**.

¿Adónde van los alimentos digeridos?
Los alimentos reducidos en el intestino delgado pasan, a través de la pared del intestino, a la sangre y luego a las **células**. Nutren las células y liberan la energía necesaria para la vida. Los alimentos digeridos no son utilizados de

Los alimentos nos aportan energía.

El cuscús es un plato típico del norte de África muy equilibrado.

inmediato por las células. Cuando, por ejemplo, una persona es poco activa, el organismo consume poca energía. Los alimentos digeridos se almacenan entonces en forma de grasa, en los muslos, las nalgas y el vientre, que son los lugares donde «se engorda» con mayor rapidez. Si la persona practica algún deporte, su cuerpo extrae los nutrientes que necesita de la grasa, que entonces desaparece y permite al organismo adelgazar.

Distintos alimentos para nutrirse

Para tener una buena salud, es necesario consumir una dieta equilibrada, con alimentos que se complementen. Las sustancias básicas, presentes en los alimentos absorbidos por el intestino, son los glúcidos, los lípidos y las proteínas. Los glúcidos se encuentran en los alimentos azucarados, pero también en otros alimentos no dulces como el pan y las patatas, entre otros. Los lípidos se encuentran principalmente en las grasas: mantequilla, aceite, etc. La carne, el pescado y los huevos contienen proteínas, sustancias necesarias para el organismo. Una alimentación equilibrada aporta también vitaminas, entre las que se encuentran:
• la vitamina A, que favorece la visión,
• la vitamina C, el crecimiento y la resistencia,
• la vitamina D, el crecimiento de los huesos,
• la vitamina K, la coagulación de la sangre.
Los alimentos también proporcionan al organismo agua y sales minerales, como el calcio que se encuentra en la leche y que es indispensable para la formación de los huesos, el fósforo, el hierro y también el yodo, el potasio y el magnesio.

Los dientes

Los dientes fragmentan los alimentos y son los primeros órganos de la digestión. Existen tres tipos: incisivos, caninos y molares. Están firmemente sujetos al hueso de la mandíbula por medio de las raíces.

incisivo

Los incisivos, ocho en total, están situados en la parte delantera de la boca. Tienen forma de hoja de tijera, son afilados y permiten cortar los alimentos.

El aparato digestivo es el conjunto de órganos que digieren los alimentos.

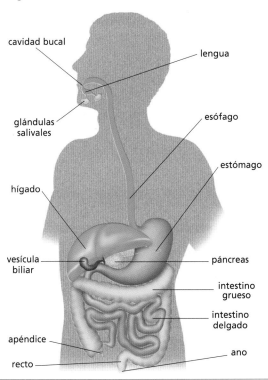

cavidad bucal
lengua
glándulas salivales
esófago
estómago
hígado
vesícula biliar
páncreas
intestino grueso
intestino delgado
apéndice
ano
recto

En esta radiografía se puede apreciar el colon y sus sinuosidades.

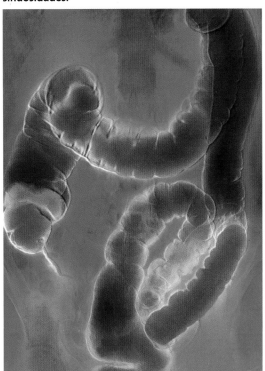

molar

Detrás de ellos, los cuatro caninos puntiagudos los desmenuzan. Son los dientes más largos. Más al interior de la boca, se encuentran los veinte molares y premolares encargados de triturar los alimentos.

Beber agua es un placer y una necesidad vital para el cuerpo.

La eliminación de líquidos

El agua del cuerpo

El agua representa un poco más del 65% del peso del organismo. Esto significa que una persona de 70 kg tiene 46 l de agua. ¿Dónde se encuentra el agua en el cuerpo? Primero, en el interior de las células, de los 46 l de agua, 29 l están ahí, sobre todo en el citoplasma. También hay agua alrededor de las células, cuyo volumen total es de 14 l.

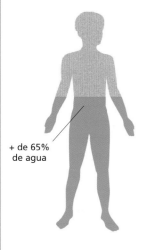

+ de 65% de agua

**La función del agua es impedir que las células se sequen. El agua constituye una reserva para las células.
El resto del agua se encuentra en los líquidos del organismo como la sangre.
A pesar de ser un líquido importante en el cuerpo, la sangre sólo contiene 3 l de agua, lo cual es bastante poco en relación con los demás líquidos del cuerpo.**

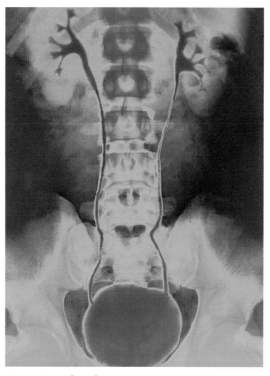

Aparato urinario.
En esta radiografía, el círculo rojo representa la vejiga llena. El aparato urinario se compone de riñones, uréteres, vejiga y uretra. Este conjunto de órganos produce la orina y la elimina fuera del cuerpo.

El cuerpo humano evacua los productos de desecho que debe eliminar. Dos órganos se encargan de la excreción de los líquidos: el hígado y los riñones.

La función del hígado y de los riñones

El hígado recibe la sangre del resto del cuerpo, analiza su contenido y, cuando detecta algún producto tóxico, lo transforma para hacerlo inofensivo. La sustancia que se ha vuelto inactiva podría acumularse, pero el hígado la expulsa a través de la **bilis** en el **intestino**. Luego, es eliminada del cuerpo a través de las **heces** o excrementos. Cada día el ser humano produce un litro de **orina**. En el siglo XIX, el médico Claude Bernard descubrió la función de la orina. En sus experimentos inyectó en la sangre de un conejo la orina de este animal, que murió horas más tarde. La orina contiene desechos tóxicos muy concentrados que el cuerpo debe eliminar. La orina es fabricada por los **riñones** a partir de la sangre. Estos órganos actúan como filtros, ya que sacan de la sangre que reciben los desechos tóxicos y elaboran la orina para eliminarlos.

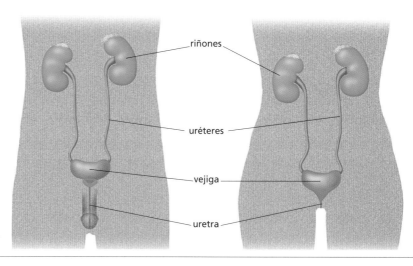

Aparato urinario masculino.

riñones

uréteres

vejiga

uretra

Aparato urinario femenino.

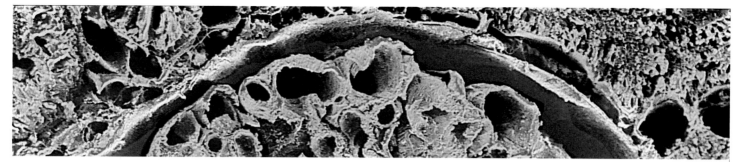

El riñón, órgano que fabrica la orina, visto al microscopio.

Un nivel constante de agua y sal

Un adulto bebe miles de litros de agua durante su vida, pero el agua no permanece en el cuerpo, de lo contrario pesaría varias toneladas. Cuando una persona tiene demasiada agua en el cuerpo, por ejemplo después de haber bebido, los riñones producen mucha orina para eliminar el exceso. Si por el contrario, el cuerpo carece de agua, por ejemplo debido a que una persona ha sudado mucho, el riñón produce menos orina. De esta forma, el riñón controla el volumen de agua en el organismo. El agua en la que se encuentran las **células** es salada, al igual que la sangre. La cantidad de sal no debe variar, ya que esto ocasionaria algunos trastornos.

Si una persona bebe mucho sin consumir sal, la sangre y los otros líquidos se vuelven menos salados. Rápidamente, el riñón fabrica una orina abundante y clara, es decir que contiene mucha agua. Por el contrario, si la persona come alimentos salados y bebe poco, el riñón elimina el exceso de sal. De esta manera, gracias a los riñones, el cuerpo mantiene siempre la misma cantidad de sal y agua, cualquiera que sea la alimentación.

Sin embargo, no tiene una respuesta para todos los problemas. Si una persona se pierde en el desierto, bajo un fuerte calor, el riñón deja de producir orina para economizar agua. No obstante, ya no puede eliminar los desechos, y el cuerpo se intoxica. Lo mismo ocurre con los náufragos perdidos en alta mar, no pueden beber el agua del mar, ya que el riñón es incapaz de eliminar toda la sal que ésta contiene. Si el náufrago bebiera agua de mar, su cuerpo se saturaría de sal, lo cual aceleraría su muerte.

La expulsión de la orina

Los riñones producen constantemente orina. Sin embargo, una persona no siente deseos de orinar a cada momento. La orina viaja desde cada riñón por un canal, el **uréter**, hasta la **vejiga**, una bolsa situada en el bajo vientre que la almacena.

Cuando la vejiga se llena demasiado, aparece el deseo de orinar. Si el cerebro le da la orden, la pared de la vejiga se contrae y expulsa la orina dentro de otro canal, la uretra, que desemboca fuera del cuerpo.

El sudor

Cuando el ser humano realiza un esfuerzo o permanece bajo el Sol, transpira. Cuando se desprende agua y con ella calor, la temperatura del cuerpo disminuye.

Sin embargo, la transpiración no es sólo un sistema de enfriamiento del cuerpo. El agua que se elimina a través de la piel es salada: el sudor. Es producido por las glándulas sudoríparas, a partir de la sangre que llega a la piel. Estas glándulas desempeñan, en cierta medida, la misma función que los riñones ya que eliminan agua, sal e incluso desechos tóxicos. Cuando la persona suda mucho, orina menos. El riñón compensa el agua perdida a través del sudor, fabricando menos orina. Por lo tanto, es necesario beber agua después de haber sudado.

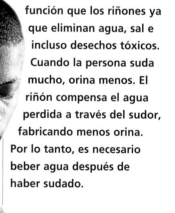

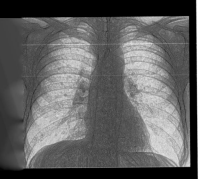

La respiración y la

La respiración y los latidos del corazón son signos de vida. La respiración y la circulación sanguínea proporcionan a las células lo que necesitan para mantener vivo el organismo.

- alvéolo: saco microscópico de los pulmones donde se realizan los intercambios de oxígeno y dióxido de carbono.
- arteria: vaso que conduce la sangre desde el corazón a los órganos.
- aurícula: cavidad del corazón a la que llega la sangre.
- bronquios: tubos que conducen el aire desde la tráquea hasta los pulmones.
- corazón: músculo hueco que impulsa la sangre en el cuerpo.
- diafragma: músculo que facilita los movimientos respiratorios.
- espiración: expulsión del aire de las vías respiratorias.
- glóbulos rojos: células de la sangre que transportan el oxígeno.
- hemoglobina: pigmento de los glóbulos rojos que fija el oxígeno.
- inspiración: hacer entrar el aire en los pulmones.
- plasma: parte líquida de la sangre.
- pulmones: órganos de la respiración que proporcionan oxígeno al cuerpo y eliminan dióxido de carbono de la sangre.
- sangre: líquido rojo que circula por los vasos sanguíneos e irriga los tejidos.
- tórax: cavidad del cuerpo que contiene los pulmones y el corazón.
- vena: vaso que conduce la sangre al corazón.
- ventrículo: cavidad del corazón que envía la sangre a las arterias.

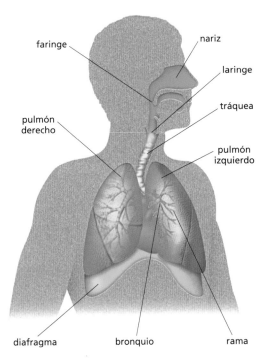

El aparato respiratorio asegura la circulación del aire y el intercambio de gases en los pulmones.

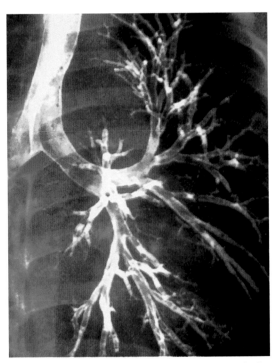

Radiografía de la tráquea, el bronquio de un pulmón y sus ramas.

Para vivir, es necesario respirar continuamente. La respiración consiste en un intercambio de gases entre el cuerpo y el aire que lo rodea: el cuerpo absorbe un gas indispensable, el oxígeno, y elimina un gas tóxico, el dióxido de carbono. El intercambio se realiza en los **pulmones**, donde penetra el aire. La circulación de la **sangre** hace posible este proceso.

El aire circula en el interior de los pulmones

Para llegar hasta los pulmones, el aire recorre un largo camino. Un conjunto de órganos participa en la respiración: el aparato respiratorio. Cuando una persona respira, el aire entra en su cuerpo por la nariz o la boca y desciende por un tubo, la tráquea. Ésta se divide en dos **bronquios** que penetran cada uno en un pulmón. Los bronquios se separan en ramas cada vez más numerosas y pequeñas, los bronquiolos, que distribuyen el aire a los **alvéolos** pulmonares. Cada pulmón posee alrededor de 300 millones de alvéolos, unos sacos microscópicos de paredes muy delgadas. Desde ahí, el aire sale en sentido contrario para ser expulsado. Los movimientos del aire en el organismo resultan de una sucesión de **inspiraciones** (el aire entra en el cuerpo) y **espiraciones** (el aire sale del cuerpo).

Movimientos respiratorios

La circulación del aire entre el medio externo e interno del cuerpo se produce por el movimiento de varios músculos, como los del **tórax** y el **diafragma**. El diafragma está ubicado debajo de los pulmones. Durante la espiración, el tórax se estrecha y el diafragma

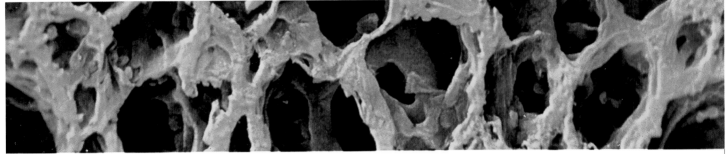

Alvéolos pulmonares vistos en un microscopio electrónico.

circulación

se estira. Los pulmones se comprimen y el aire es expulsado. Durante la inspiración, el tórax se ensancha, el diafragma se contrae, los pulmones se inflan y el aire entra. La acción de estos músculos no está necesariamente controlada por la voluntad; esto explica por qué una persona no deja de respirar mientras duerme. Sin embargo, a veces se puede contener la respiración conscientemente, por ejemplo en caso de sumergirse.

Intercambios entre aire y sangre

Los alvéolos pulmonares son pequeños globos inflados de aire cuyas paredes están llenas de vasos sanguíneos. Se inflan y desinflan alrededor de 15 000 veces al día. Cerca de 13 000 litros de aire circulan diariamente por los pulmones. El aire ya no es el mismo cuando se espira, contiene menos oxígeno y está cargado de dióxido de carbono, debido a los intercambios de gases que han tenido lugar en los pulmones. El oxígeno del aire pasa a la sangre, ya

El deportista aprende a dominar su respiración.

que el aire inspirado es más rico en oxígeno que la sangre. Por el contrario, el dióxido de carbono pasa de la sangre al aire, al ser más abundante en la sangre que en el aire. Enseguida, una nueva inspiración vuelve a poner en contacto el aire fresco con la sangre y los intercambios se reanudan. La sangre transporta el oxígeno, fijado a una sustancia, la **hemoglobina**, presente en los glóbulos rojos, y lo descarga en las células. Todas las células del cuerpo necesitan oxígeno ya que también respiran: utilizan el oxígeno para liberar la energía contenida en los alimentos, y generan un desecho, el dióxido de carbono. Se trata de la respiración celular.

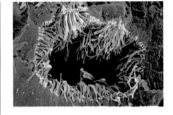

Cilios de los bronquios

El aire que se respira está lleno de impurezas, que son rodeadas y atrapadas por una sustancia viscosa que recubre la pared de los bronquios. Unos cilios microscópicos, que vibran todos en el mismo sentido, hacen subir las partículas de polvo hacia la garganta, donde son tragadas. Los cilios protectores son frágiles y se paralizan con el humo del cigarrillo.

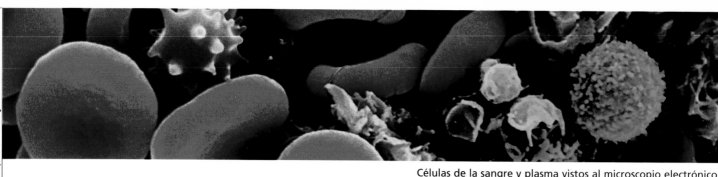

Células de la sangre y plasma vistos al microscopio electrónico.

La sangre y el corazón

Cómo late el corazón

El corazón late alrededor de 70 veces por minuto. Una emoción o un esfuerzo pueden acelerar este ritmo.

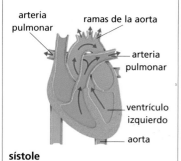

sístole

Para bombear la sangre, los ventrículos del corazón se contraen: es la sístole. Su contracción expulsa la sangre hacia los pulmones y el resto del cuerpo.

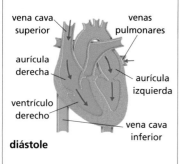

diástole

Para llenarse de sangre, el corazón se dilata: es la diástole. La sangre entra en la aurícula derecha y en la aurícula izquierda por las venas, y luego pasa a los ventrículos.

Al colocar la mano sobre el pecho, se sienten unos golpes de ritmo regular, son los latidos del **corazón**. Cuando el corazón se contrae, pone en movimiento la **sangre**, que distribuye en todas las células del cuerpo el oxígeno y el alimento que necesitan. La sangre circula por los vasos sanguíneos.

Un transportador: la sangre

Cerca de cinco litros de sangre circulan permanentemente por el cuerpo. La sangre se compone de un líquido, el **plasma**, en el que se encuentran diferentes células, los **glóbulos rojos**, los **glóbulos blancos** y las **plaquetas**. El plasma proporciona a las células los alimentos digeridos que ha «recolectado» a su paso por el intestino. Los glóbulos rojos son las células más numerosas. Gracias a la **hemoglobina** que contienen, transportan el oxígeno desde los pulmones hasta los otros órganos y dan su color rojo a la sangre.

El corazón y los grandes vasos que lo rodean.

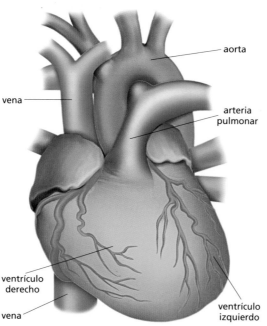

Otras células, los glóbulos blancos, tienen la función de proteger el cuerpo de las agresiones de los microbios. Por último, las plaquetas evitan las hemorragias, formando un coágulo en los vasos dañados, cerrando la herida: es lo que se llama coagulación.

Una bomba: el corazón

Si una persona se coloca cabeza abajo, la sangre sigue llegando a sus pies. Esto es así porque para circular la sangre es puesta en movimiento por una bomba: el corazón. El corazón está formado por dos partes soldadas entre sí: el corazón derecho y el corazón izquierdo; en cada uno hay dos cavidades, una **aurícula** arriba y un **ventrículo** abajo, por los cuales circula la sangre. Ésta pasa a la aurícula y luego al ventrículo y sale nuevamente hacia otros vasos. La circulación es posible gracias a la contracción de la pared del corazón, formada por tejido muscular: el miocardio. El corazón derecho y el corazón izquierdo laten al mismo ritmo, cada uno como una bomba que aspira y expira: gracias a las contracciones del corazón, las aurículas aspiran la sangre de los vasos y los ventrículos la expulsan, es decir, empujan la sangre hacia

Corte del tórax en el que se puede observar el corazón entre los pulmones.

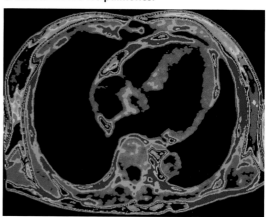

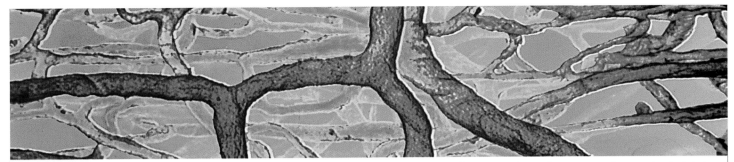

Capilares sanguíneos vistos en un microscopio electrónico.

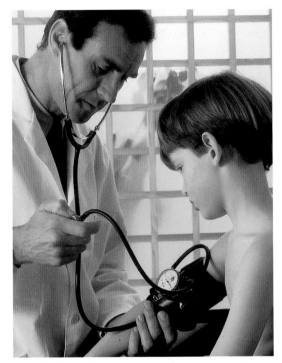

Al medir la tensión arterial, se comprueba que la circulación sanguínea se desarrolla correctamente.

otros vasos. La sangre es bombeada mediante una fuerza que se denomina presión o tensión arterial; si es insuficiente, los órganos no reciben la cantidad de sangre que necesitan. Por el contrario, si es demasiado alta, puede dañar los vasos sanguíneos y los órganos.

Una red: los vasos sanguíneos

Los vasos que llevan la sangre desde el corazón al resto del organismo son las **arterias**, y los que la devuelven al corazón son las **venas**. Si se sigue el trayecto de la sangre desde que sale del ventrículo izquierdo, se observa que primero es propulsada dentro de una gran arteria, la aorta. De ésta salen arterias más pequeñas que conducen la sangre hasta las partes superiores del cuerpo: cabeza, cuello, extremidades superiores, etc. La aorta desciende en el

interior del tórax y del abdomen, se divide y da origen a otras arterias que distribuyen la sangre en el intestino, el hígado y los miembros inferiores. Cuanto más cerca están las arterias de los órganos, más se dividen en vasos muy finos. Finalmente, la sangre circula por vasos muy finos que se denominan capilares (capilar significa «fino como un cabello»). Como son muy numerosos y su pared es muy delgada, la sangre puede proporcionar fácilmente a las células de los órganos los alimentos y el oxígeno, y recuperar las sustancias de desecho.
Después de haber atravesado los órganos, la sangre es recogida por pequeñas venas que se unen para formar venas cada vez mayores. La sangre pobre en oxígeno entra en el corazón derecho por la aurícula derecha y luego pasa al ventrículo derecho que la empuja por la arteria pulmonar hacia los pulmones donde vuelve a cargarse de oxígeno. A continuación la sangre oxigenada va hacia el corazón izquierdo y pasa de la aurícula izquierda al ventrículo izquierdo, de donde vuelve a salir por la aorta. Este ciclo nunca se detiene.

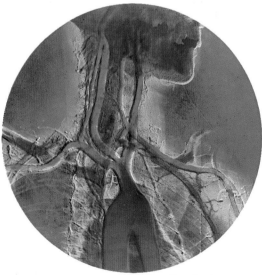

Radiografía de las arterias del cuello y los brazos.

Coagulación de la sangre

Cuando se produce una hemorragia, es decir cuando la sangre se sale de una vena o arteria porque la persona sufrió un corte, el sangrado se detiene rápidamente por el proceso de coagulación. Unas células de la sangre, las plaquetas, se adhieren a las paredes de los vasos para formar una especie de tapón.

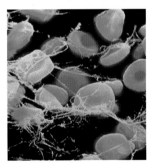

Entretanto, la sangre sufre algunas modificaciones, adopta el aspecto de una gelatina. Las plaquetas desencadenan reacciones químicas que permiten la formación de una red de fibras, como las de la foto (arriba). Esto es grave si la hemorragia ocurre en una arteria importante: la presión de la sangre es tan fuerte que el coágulo y la red de fibras no pueden formarse. Para detener entonces la hemorragia es necesario practicar una intervención quirúrgica y reemplazar por perfusión el volumen de sangre perdido.

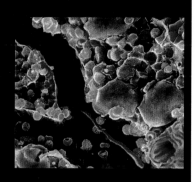

El hombre vive rodeado de microbios, organismos microscópicos que pueden ser peligrosos y provocar enfermedades. Para protegerse, el cuerpo humano cuenta con el sistema inmunitario.

Las defensas del cuerpo

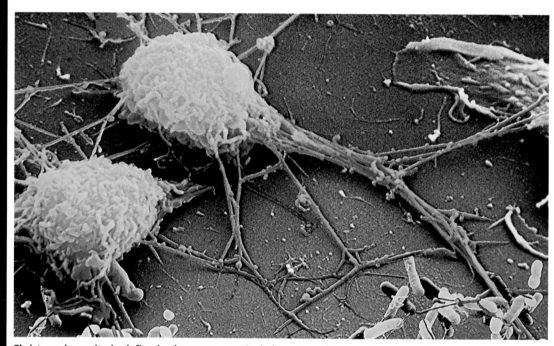

El sistema inmunitario defiende el cuerpo a través de los «macrófagos», células que destruyen los microbios.

A veces, pocos días después de sufrir un corte en un dedo, se siente dolor y el dedo se hincha. Han entrado **microbios** en la herida y se han multiplicado, originando una **infección**. En efecto, para que la piel cumpla la función de barrera e impida la entrada de microbios es necesario que esté sana. Existen otros **tejidos** que protegen el cuerpo, como los que recubren las cavidades del organismo: boca, nariz, garganta e intestino, entre otros. Las **células** de estos tejidos están pegadas unas a otras, por lo que son impenetrables para los microbios. Otros sistemas refuerzan esta protección: el jugo gástrico del estómago, que destruye la mayor parte de los microbios; los movimientos de los cilios de los bronquios (ver págs. 36 y 37), que expulsan las partículas de polvo y los microbios. Sin embargo, a veces los microbios son más fuertes y logran entrar a través de una herida, o bien se infiltran entre las células.

La inmunidad

Una vez que los microbios han penetrado en el organismo, el sistema inmunitario entra en acción. Las células denominadas **macrófagos** lanzan el primer ataque: se los tragan, digieren y destruyen, al igual que a todo cuerpo extraño. Esta reacción no siempre es suficiente. Existe una segunda línea de defensa que recurre a una categoría importante de **glóbulos blancos**, los **linfocitos**. Éstos tienen la particularidad de que son capaces de reconocer a los microbios que deben destruir (microbios del sarampión, del cólera o de otras enfermedades). Por este motivo son especialmente aptos para combatirlos y su acción es más eficaz que la de los macrófagos. Algunos linfocitos liberan sustancias denominadas **anticuerpos**, que circulan en la sangre, reconocen a los microbios y contribuyen a su destrucción. Otros linfocitos no liberan

Médula ósea donde se forman los glóbulos blancos, vista en un microscopio electrónico.

anticuerpos, pero se adhieren a los microbios y desprenden sustancias tóxicas que rompen sus membranas y los matan.

El sistema linfático

Cuando los macrófagos llegan hasta el lugar de la infección, comienzan a destruir los microbios. Enseguida se dirigen, junto con los microbios, hacia los vasos linfáticos que contienen la **linfa**. Durante el trayecto, pasan por pequeños órganos llamados **ganglios linfáticos**, donde se

Vasos y ganglios del sistema linfático.

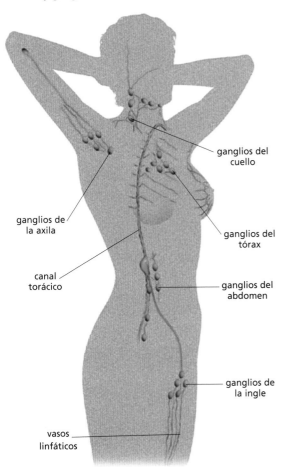

ganglios del cuello

ganglios de la axila

ganglios del tórax

canal torácico

ganglios del abdomen

ganglios de la ingle

vasos linfáticos

encuentran con los linfocitos. Antes, los macrófagos envían una señal para alertarlos de la presencia de los microbios. Los linfocitos se multiplican rápidamente, lo que inflama el ganglio, y permite que la mayoría de los microbios sean destruidos. A veces, los microbios son más poderosos que los linfocitos. En este caso, existe el riesgo de que se propaguen por todo el cuerpo, generalizando la infección: la linfa y los microbios que ella contiene se vierten en la sangre. Una vez cumplida su misión, los linfocitos permanecen en los ganglios, o bien vuelven a la circulación sanguínea.

La memoria de los glóbulos blancos

Algunas enfermedades causadas por microbios, como el sarampión o la viruela, sólo atacan una vez en la vida. De hecho, cuando la infección es dominada y el agresor desaparece, algunos linfocitos quedan activos en el cuerpo y permanecen vigilantes, ya que tienen «memoria», es decir, la capacidad de recordar y reconocer al microbio. De esta manera, si regresa, será identificado y atacado de inmediato por los anticuerpos, incluso antes de que pueda provocar una infección. Éste es el principio en el cual se basan las **vacunas**, mediante las que se introducen en el organismo microbios debilitados o muertos, incapaces de desencadenar una enfermedad. Los linfocitos aprenden a identificarlos y los recuerdan en su memoria. Si se presentara el microbio, sería reconocido y eliminado de forma inmediata, con lo que se evita la infección. A veces el sistema inmunitario puede padecer diversos trastornos que provocan su debilitamiento o, por el contrario, una reacción excesiva como en el caso de la alergia.

Niños «burbuja»

Vivir rodeado de microbios no es un problema cuando se cuenta con un sistema inmunitario eficaz. Sin embargo, esto no siempre

es así, ya que algunos niños nacen sin defensas. Un análisis de su sangre demuestra la falta de linfocitos o de anticuerpos, por lo que están desprotegidos frente a los microbios. Por ello, deben vivir en un espacio estéril, es decir sin microbios, también llamado burbuja; de allí el nombre de «niños burbuja». No pueden tener contacto directo con otras personas, porque los microbios presentes en la piel de éstas podrían infectarlos. Para curar a estos niños, se les trasplantan células del sistema inmunitario de un donante, lo que les permite llevar una vida normal.

Las hormonas

Las hormonas son mensajeros químicos que circulan en la sangre. Su función es coordinar y regular las actividades del organismo. Sin ellas, los órganos serían como músicos sin director de orquesta.

- **adrenalina:** hormona secretada por las glándulas suprarrenales.
- **célula:** elemento constituyente de todo ser vivo, que se compone de una membrana, un núcleo y un líquido, llamado citoplasma.
- **estrógeno:** hormona secretada por los ovarios.
- **glándula endocrina:** órgano que vierte su secreción, las hormonas, directamente a la sangre.
- **hipófisis:** glándula situada en la base del cerebro, que actúa sobre las demás glándulas endocrinas.
- **hipotálamo:** región del cerebro que controla la hipófisis.
- **hormona:** sustancia producida por una glándula, que actúa en órganos o tejidos situados a distancia, tras ser transportada por la sangre.
- **insulina:** hormona secretada por el páncreas, que controla la cantidad de glucosa en la sangre.
- **progesterona:** hormona producida por los ovarios.
- **suprarrenal:** glándula que produce la adrenalina.
- **testosterona:** hormona secretada por los testículos.
- **tiroides:** glándula endocrina que interviene en la regulación de la temperatura y el crecimiento del cuerpo.
- **tiroxina:** hormona secretada por la tiroides.

Cuando la temperatura exterior desciende por debajo de los 0 °C, el cuerpo se mantiene a 37 °C. Cuando bebemos agua, la sangre no se diluye. Al llegar a la edad adulta, el ser humano es capaz de fabricar espermatozoides u óvulos según el sexo. Estas funciones del cuerpo parecen muy distintas unas de otras. Sin embargo, tienen algo en común: todas están controladas por las **hormonas**.

¿Qué es una hormona?

Es una sustancia producida por una glándula, que transportada por la sangre, actúa sobre uno o varios órganos cuya función dirige o modifica. La glándula que secreta una hormona es una **glándula endocrina**. Existen diferentes hormonas y glándulas endocrinas.

Por ejemplo, cuando el cuerpo comienza a enfriarse, el **tiroides**, una glándula situada en el cuello, emite una señal de alerta y envía un mensaje al resto del cuerpo, liberando en la sangre grandes cantidades de una sustancia denominada **tiroxina**. La tiroxina es una de las tres hormonas que produce el tiroides. La tiroxina es transportada a todos los órganos,

pero sólo algunos de ellos responden a su llamada. Es el caso del hígado y los músculos, que comienzan a liberar energía en forma de calor, lo cual calienta el cuerpo. Además de su función energética, la tiroxina es importante para el desarrollo del sistema nervioso y el crecimiento del esqueleto. ¿Por qué actúa solamente sobre algunos órganos? La respuesta se obtiene a partir del estudio detallado de las **células**; las del hígado y los músculos poseen receptores que fijan la tiroxina. Otros órganos, como por ejemplo el cerebro, no los tienen y por lo tanto son insensibles a la tiroxina. En este caso, el tiroides –productor de la tiroxina– es la glándula endocrina, y tanto el hígado como los músculos que reaccionan a la hormona son los órganos efectores.

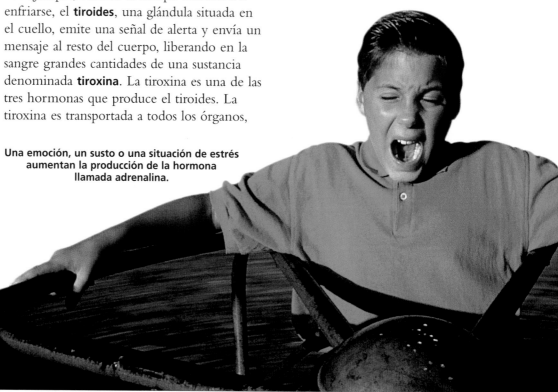

Una emoción, un susto o una situación de estrés aumentan la producción de la hormona llamada adrenalina.

La atracción amorosa desencadena la producción de hormonas sexuales.

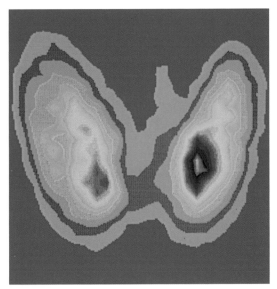

El tiroides se compone de dos lóbulos que le dan la forma de una mariposa.

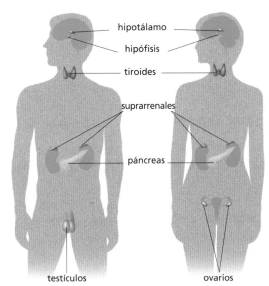

hipotálamo
hipófisis
tiroides
suprarrenales
páncreas
testículos
ovarios

El sistema hormonal produce hormonas que regulan el funcionamiento del cuerpo.

Hipotálamo e hipófisis

Diversas glándulas endocrinas están sujetas al control de un «centro de mando», situado en la base del cerebro: el hipotálamo. Éste libera hormonas que actúan sobre una pequeña glándula situada debajo de él, la hipófisis (abajo), que, a su vez, libera hormonas que dirigen la producción de otras glándulas endocrinas. Por ejemplo, la producción de tiroxina por parte del tiroides es regulada por la hipófisis, que a su vez está regida por el hipotálamo.

Sin embargo, la hipófisis también produce hormonas como la del crecimiento, que actúan directamente, sin pasar por otra glándula, sobre los órganos efectores. Si la hormona de crecimiento se produce en cantidad insuficiente, la persona será de estatura baja. Por el contrario, si se produce en abundancia, la persona será anormalmente alta.

Diferentes tipos de hormonas

Las **hormonas** del **hipotálamo** y de la **hipófisis** actúan sobre el crecimiento, o bien sirven para dar instrucciones a otras glándulas (tiroides, glándulas sexuales, etc.).

La **insulina**. Las personas que sufren de diabetes son incapaces de fabricar esta hormona que produce el páncreas, una glándula situada cerca del estómago. La insulina reduce la concentración de glucosa en la sangre. Cuando falta, en la sangre se acumula una cantidad excesiva de glucosa, lo que puede producir un estado de coma.

La **adrenalina**. Las glándulas **suprarrenales** situadas encima de los riñones liberan una hormona denominada adrenalina, que acelera el ritmo cardíaco y dilata los vasos sanguíneos que llegan a los músculos. Éstos reciben más oxígeno, y son capaces de realizar mayores esfuerzos: por ejemplo, cuando se tiene miedo, se corre más rápido.

Las hormonas sexuales. Son producidas por las glándulas sexuales (testículos y ovarios). En el hombre, los testículos producen **testosterona**. En la mujer, los ovarios liberan **estrógenos** y **progesterona**. La producción de hormonas aumenta en la pubertad (ver págs. 16 y 17) y permite el crecimiento de los órganos ligados con la reproducción (en la mujer, las mamas y el útero; en el hombre, el pene y los testículos). Las hormonas sexuales también contribuyen a la producción de los óvulos y espermatozoides. Además, favorecen las transformaciones del cuerpo en la pubertad, como por ejemplo el cambio de la voz.

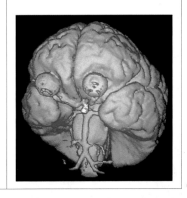

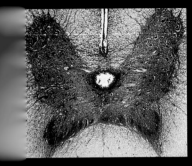

Los órganos intercambian información entre ellos y el cuerpo recibe información del medio que lo rodea. El sistema nervioso, del que forman parte el cerebro y los nervios, hace posible esta comunicación.

El cerebro y los nervios

bulbo raquídeo: parte del encéfalo situada por encima de la médula espinal.

cerebelo: parte del encéfalo, centro del equilibrio y de la coordinación de los movimientos.

cerebro: órgano principal del sistema nervioso, situado en el cráneo, que controla las funciones voluntarias y reflejas del cuerpo.

corteza cerebral: superficie de los hemisferios cerebrales.

encéfalo: conjunto de centros nerviosos, cerebro, cerebelo y tronco vertebral, contenidos en la cavidad craneal de los vertebrados.

médula espinal: centro nervioso de la columna vertebral.

nervio: asociación de un gran número de células nerviosas.

neurona: célula nerviosa.

sueño lento: fase del sueño que permite recuperarse del cansancio físico.

sueño paradójico: fase del sueño durante la cual se sueña.

Sentir dolor al pisar un clavo, frenar ante un semáforo en rojo o tocar el piano... Estas sensaciones, reacciones o movimientos son posibles gracias a nuestro sistema nervioso. El sistema nervioso consta del **encéfalo** (que contiene el cerebro) y la **médula espinal**, y por una red de transmisión, los **nervios**. Una cantidad enorme de información, los mensajes nerviosos, circulan por los centros nerviosos y a lo largo de miles de kilómetros de células nerviosas o **neuronas**.

El encéfalo (aquí se observa un corte) ocupa todo el volumen del cráneo.

El encéfalo y la médula espinal en el puesto de mando

Situado en el interior del cráneo, el encéfalo recibe la información procedente del resto del cuerpo. A su vez, envía órdenes para activar la contracción de los músculos, la secreción de las glándulas, etc. El encéfalo está formado por varias partes. Las principales son: el **cerebro** (ver págs. 46 y 47), formado por dos hemisferios, el **cerebelo** y el **bulbo raquídeo**. La superficie de los hemisferios cerebrales, la **corteza cerebral**, presenta surcos que aumentan la superficie total del cerebro y por lo tanto su eficacia. Cada hemisferio está conectado a la mitad opuesta del cuerpo: el hemisferio derecho a la mitad izquierda y el hemisferio izquierdo a la mitad derecha. Debajo del cerebro está el bulbo raquídeo, que controla un gran número de funciones, como la respiración o los latidos del corazón. El cerebelo, en la parte posterior del bulbo raquídeo, es el centro del equilibrio: cuando estamos de pie, envía las órdenes para corregir la posición del cuerpo y evitar la caída. También permite coordinar los movimientos. La médula espinal prolonga el encéfalo y desciende por la columna vertebral. Controla los reflejos simples y conduce la información del encéfalo hacia los nervios y viceversa.

Los nervios
Los nervios transmiten la información por todo el cuerpo. Existen dos tipos de nervios:
• los nervios sensitivos, que permiten llevar la información a la médula o al encéfalo. Las impresiones

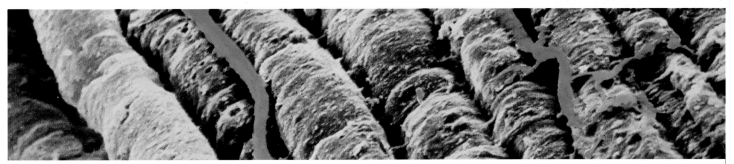

Neuronas alineadas unas contra otras, vistas en un microscopio electrónico.

procedentes del medio ambiente son recibidas por los receptores situados en los órganos, en especial de los órganos sensoriales como la piel;
• los nervios motores, que controlan los movimientos y los músculos de los órganos. Reciben órdenes del cerebro o de la médula. La médula espinal y muchos nervios están conectados entre sí, pero tienen funciones diferentes que explican los reflejos simples. Si ponemos la mano sobre algo muy caliente, la retiramos de inmediato, inconscientemente. Ello es debido a que los nervios sensitivos de la piel condujeron el mensaje doloroso hasta la médula. Ésta lo analizó y envió un mensaje a través de un nervio motor hasta los músculos del brazo.

Si el cerebro fuera el responsable, el tiempo de reacción sería mayor; dado que el trayecto del mensaje hasta el cerebro es más largo, la quemadura sería más grave.

Los nervios conducen la información, la médula la recibe o la envía.

El cerebro constituye, junto con la médula espinal, el sistema nervioso central.

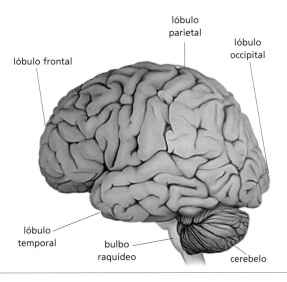

lóbulo parietal

lóbulo occipital

lóbulo frontal

lóbulo temporal

bulbo raquídeo

cerebelo

Algunos exámenes del cerebro permiten confirmar su actividad eléctrica.

Los mensajes nerviosos

Los mensajes nerviosos son señales eléctricas y los «hilos» que los conducen son las células nerviosas o neuronas. Para ser más precisos, estos hilos son prolongaciones muy finas y largas que las neuronas envían a través de todo el encéfalo, la médula y los nervios. A menudo, en algún tramo de su trayecto, están agrupadas unas contra otras. Las neuronas también están conectadas unas detrás de otras, como en fila india, pero sin tocarse. El espacio que queda entre ellas podría impedir la transmisión del mensaje. Sin embargo, al llegar al extremo de una neurona, la señal eléctrica provoca la liberación de unas sustancias que se fijan en la neurona siguiente y desencadenan el nacimiento de una nueva señal eléctrica.

Entonces, el mensaje nervioso continúa su camino. Así, puede transmitirse desde la cabeza hasta los pies. El mensaje nervioso recorre los nervios a una velocidad de alrededor de 100 metros por segundo.

Nervios desde la cabeza hasta los pies

Los nervios parecen cordones brillantes y se ramifican simétricamente por todo el cuerpo.

Doce pares de nervios craneanos salen del encéfalo y recorren la cabeza, el corazón, los pulmones, el estómago y el intestino.

Treinta y un pares de nervios raquídeos salen de la médula espinal y se extienden por las extremidades, la piel y los músculos.

El conjunto de los nervios del cuerpo constituye el sistema nervioso periférico.

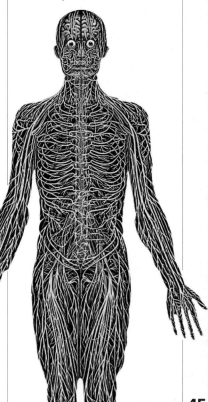

Un jugador de ajedrez (en la foto, Kasparov) utiliza su memoria, intuición y capacidad para reflexionar.

Las actividades del cerebro

La inteligencia artificial

El cerebro es capaz de almacenar datos, analizarlos, compararlos entre sí, reaccionar rápidamente frente a situaciones totalmente nuevas, etc.

La elaboración de programas informáticos para imitar al máximo el funcionamiento del cerebro humano es el objetivo de los especialistas que trabajan en la inteligencia artificial.

No obstante, aunque los ordenadores realizan en algunos segundos trabajos que llevarían mucho tiempo a una persona, todavía están lejos de poseer las cualidades de la inteligencia humana. Lo que denominamos inteligencia comprende numerosas facultades que todavía son ajenas a un ordenador: imaginación, intuición, emoción, creación, improvisación, entre otras.

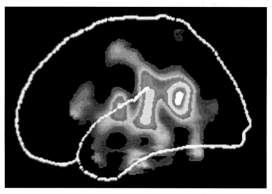

Región del cerebro encargada de la audición.

El **cerebro** regula los movimientos voluntarios y recibe información de los cinco sentidos. En el ser humano, también es el lugar de la conciencia, las emociones, la memoria, el pensamiento y el lenguaje. Durante la noche, cuando se descansa, el cerebro continúa trabajando: dirige las fases del sueño.

El aprendizaje exige comprensión y memoria.

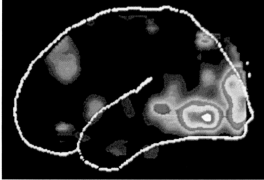

Región del cerebro responsable de la visión.

Coordinación de los movimientos

Para abrir el cajón de un mueble con las dos manos, primero es necesario ver el cajón, luego acercar las manos a los tiradores, cerrar los dedos sobre éstos, tirar con ambas manos y detenerse antes de que el cajón se caiga. Este movimiento, aunque simple, involucra la vista, el movimiento, la memoria y el cálculo.

Los hemisferios cerebrales controlan estos movimientos. Desde una región de estos hemisferios se envían órdenes a los músculos, mientras que otra recibe y analiza la información sobre el correcto desarrollo del movimiento. El cerebro es como un nudo vial, donde se cruza la información que llega con la que sale.

Permanecer de pie es bastante complejo. Para no caer, el cuerpo debe corregir sin cesar su posición. El **cerebelo** analiza la posición del cuerpo y corrige las órdenes enviadas por el cerebro. De esta forma, ayuda al cerebro en la coordinación de los diferentes músculos.

La comunicación pone en juego el lenguaje, la audición y la vista, entre otras facultades.

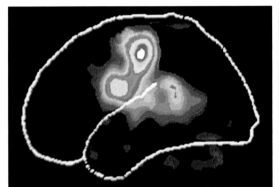

Región del cerebro responsable del lenguaje.

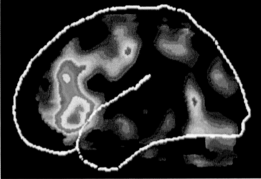

Una región del cerebro responsable del pensamiento.

Regiones del cerebro

En el siglo XIX, algunos médicos pensaban que una persona dotada para una determinada actividad, como por ejemplo las matemáticas, tenía en su cerebro una «región de las matemáticas» tan desarrollada que formaba una protuberancia en su cráneo. Pero las cosas no son tan sencillas. Algunas regiones de los hemisferios cerebrales están especializadas; se trata de los cuatro lóbulos (ver ilustración pág. 45). El lóbulo frontal dirige los movimientos voluntarios; el lóbulo parietal, la sensibilidad; el lóbulo occipital, la visión y el lóbulo temporal, la audición. De esta manera, las imágenes llegan a la parte posterior de los hemisferios (lóbulo occipital).

Sin embargo, algunas funciones del cerebro no están localizadas en un lugar preciso. Puede ocurrir que dos personas, cuyos cerebros hayan sufrido lesiones en lugares distintos a raíz de un accidente, sufran una pérdida de memoria. Esto sucede porque la memoria no se encuentra en una zona específica y especializada del cerebro.

Al decir su nombre, la persona no hace funcionar el mismo centro del cerebro que cuando se acuerda de un número telefónico que escuchó hace poco.

El sueño y sus ritmos

El sueño es muy importante en la vida de las personas. De hecho, un hombre de 75 años ha pasado durmiendo 25 años de su vida. Actualmente, es posible describir las diferentes fases del sueño, pero aún no se sabe exactamente para qué sirve dormir. Una noche de sueño comienza con el adormecimiento, o sueño liviano. Luego, se suceden cinco ciclos de 90 minutos. Cada ciclo comprende dos tipos de sueño: en primer lugar, un **sueño lento** seguido de un **sueño paradójico**. El sueño lento que inicia un ciclo va acompañado de una actividad mental muy débil. A cada período de sueño lento le sigue un período de sueño paradójico. Se cree que la mayor parte de los sueños ocurre durante el sueño paradójico. Este último está acompañado de una intensa actividad mental y de movimientos. El sueño permite eliminar el cansancio de la jornada, pero es posible que además cumpla otras funciones que aún están por descubrir.

¿Para qué sirven los sueños?

Los investigadores aún no han podido dar una respuesta definitiva a esta pregunta. Antiguamente, se creía que los sueños servían para predecir el futuro y por ello se les prestaba atención. Según Sigmund Freud (ver pág. 82), el sueño expresa algo que se desea inconscientemente, sin saberlo.

De acuerdo con los estudios actuales, se sabe que los sueños duran entre 10 y 15 minutos y casi siempre aparecen durante las fases del sueño paradójico y, con bastante menos frecuencia, durante las fases de sueño lento. Todo el mundo sueña, incluso aquellas personas que no recuerdan sus sueños.

Los sentidos

Desde que nacemos, somos sensibles a las imágenes, los olores, los sabores, los sonidos y el tacto. Gracias a los sentidos y los órganos que los dirigen, somos capaces de percibir estas sensaciones.

- **córnea:** membrana transparente por donde entra la luz en el ojo.
- **corteza cerebral:** superficie de los hemisferios cerebrales.
- **cristalino:** lente situada en el interior del ojo, que proyecta la luz sobre la retina.
- **fosa nasal:** cavidad situada detrás de cada aleta nasal en la que se captan los olores.
- **iris:** pequeño disco coloreado del ojo, en cuyo centro se encuentra la pupila.
- **laberinto u oído interno:** conjunto de canales situados en el oído que también permiten enviar información al cerebro acerca de la posición del cuerpo.
- **oído interno:** ver laberinto.
- **pabellón (del oído):** parte visible de la oreja.
- **papila (gustativa):** pequeña prominencia de la lengua que permite reconocer el gusto de los alimentos.
- **párpado:** pliegue de la piel que protege el ojo.
- **pupila:** abertura central del iris en la parte anterior del ojo.
- **retina:** capa de células nerviosas en el fondo del ojo sobre la cual se forman las imágenes.
- **tímpano:** delgada membrana del oído que vibra al captar los sonidos.

Los sentidos son cinco: la vista, el oído, el olfato, el gusto, y el tacto. Estos órganos nos permiten relacionarnos con el mundo exterior y transmitir información sobre éste al cerebro.

Los ojos y la vista

El ojo es el órgano de la visión. Tiene forma esférica y se sitúa en una cavidad ósea de la cara (órbita). A pesar de su pequeño tamaño, es un órgano complejo: percibe las formas, los movimientos, los relieves, los colores y los cambios de luz. El ojo capta imágenes, al igual que una máquina fotográfica; de hecho, funcionan de manera parecida. La luz penetra por la parte delantera del ojo a través de una membrana transparente, la **córnea**, rodeada

Cuando la luz es intensa, la pupila se contrae.

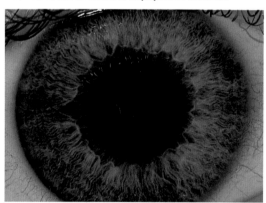

Cuando la luz es débil, la pupila se dilata.

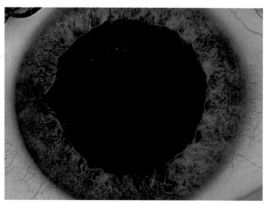

por el «blanco del ojo». Detrás de la córnea se encuentra el **iris**, un anillo de color azul, verde, marrón, etc. Entre la córnea y el iris hay un líquido llamado humor acuoso. En el centro del iris se encuentra una abertura de color negro, la **pupila**. Cuando la luz es demasiado intensa, la pupila se contrae para evitar el deslumbramiento. Al contrario, cuando está oscuro, se dilata.

A continuación, la luz atraviesa el **cristalino**, que cumple la función de una lente, y luego un líquido denominado cuerpo vítreo. Por último, la imagen se proyecta en el fondo del ojo mediante una membrana, la **retina**, como lo haría sobre la película de una máquina fotográfica.

Los **párpados** y las pestañas protegen los ojos. Una membrana fina y transparente, llamada conjuntiva, recubre el interior de los párpados al igual que el blanco del ojo. Pequeñas glándulas situadas bajo los párpados producen lágrimas permanentemente, que se distribuyen en una capa regular por medio del movimiento de los párpados, lo que impide que los ojos se resequen.

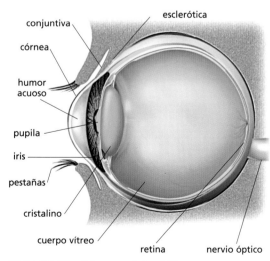

Corte del ojo, el órgano de la visión.

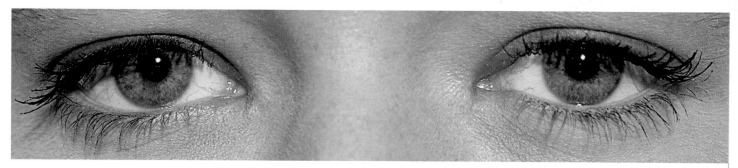

El iris da el color a los ojos.

Del ojo al cerebro

Las imágenes que se forman en la retina son transmitidas al cerebro a través del nervio óptico. Allí, las imágenes se proyectan sobre una zona de la **corteza cerebral** situada detrás del cerebro, denominada «área visual». Como cada ojo recibe una imagen ligeramente distinta del objeto observado, el cerebro reúne los datos provenientes de ambos ojos para formar una imagen en relieve.

Correcciones a veces necesarias

Al colocar los dedos a 20 cm de los ojos, no es posible ver claramente a la vez los dedos y los objetos ubicados detrás de éstos. El cristalino no es capaz de proyectar al mismo tiempo la imagen de un objeto cercano y la de un objeto lejano. Sin embargo, al mirar primero los dedos, y después los objetos lejanos, es posible verlos claramente. Para ver de cerca tan bien como de lejos, el ojo cambia la forma de su cristalino. De esa manera, puede

formar una imagen clara en cada caso: se trata de la acomodación. Algunas personas leen el periódico con los brazos extendidos, como si lo quisieran alejar. Otras, en cambio, lo acercan a la nariz. En ambos casos, se ponen de manifiesto trastornos de la visión. Las primeras, no ven bien de cerca: puede tratarse de presbicia, que por lo general se produce al envejecer, ya que el cristalino se vuelve menos flexible y no cambia de forma para acomodarse.

Aquellos que leen «con el periódico pegado a la nariz» no ven bien de lejos: es la miopía. En este caso, el ojo suele ser un poco más grande de lo normal. Para corregir estos trastornos, es necesario usar gafas o lentes de contacto.

La ceguera

La pérdida de la visión se denomina «ceguera» y tiene múltiples causas. Puede deberse a una opacidad de la córnea o a una enfermedad del cristalino, que se vuelve opaco e incapaz de dejar pasar la luz. En otros casos, está causada por un desprendimiento de la retina, como consecuencia de un golpe, o porque sus células nerviosas no funcionan correctamente. Algunos tipos de ceguera tienen una causa ajena al ojo. Por ejemplo, si los nervios ópticos están dañados, en la retina se forma una imagen correcta, pero ésta no es transmitida al cerebro. Un traumatismo craneal puede lesionar el área visual del cerebro y dejar ciega a la persona, aun cuando sus ojos funcionen perfectamente.

Las lentes ópticas corrigen los defectos de la visión.

Es posible aprender a reconocer los diferentes olores.

La nariz y el olfato

El perfumista

Reconocer un olor es una cosa. Inventarlo es algo muy distinto. Se trata justamente del oficio del perfumista o, en términos más familiares, del «nariz».

Un «nariz» es un especialista capaz de reconocer una gran variedad de olores; en algunos casos, centenares de ellos. Estos olores provienen de sustancias tales como esencias vegetales. El perfumista coloca estas sustancias en un instrumento llamado «órgano». Para crear nuevos perfumes, extrae una gota de esencia y luego la coloca en una tira de papel y repite esta operación con tres o cuatro esencias diferentes. Luego agita las tiras de papel para mezclar las esencias. Sólo le queda oler el perfume que acaba de inventar.

Si el olor no es el que busca, cambia una de las esencias y repite la operación hasta que queda satisfecho con el resultado.

Los cilios de las células nerviosas de la nariz captan las sustancias aromáticas.

El olor de una buena comida provoca. Gracias al sentido del olfato es posible percibirlo. La nariz, órgano del olfato, es capaz de distinguir miles de olores diferentes (más de 10 000).

Los olores

Al igual que los sonidos, los olores se propagan por el aire. Los olores están constituidos por diferentes partículas situadas en el aire que respiramos. Por ejemplo, una comida humeante deja escapar sustancias olorosas que, al llegar a la nariz, permiten percibir el olor del plato.

Un tomate y una cebolla liberan sustancias olorosas diferentes. Esto permite distinguirlos y reconocerlos con los ojos cerrados. El olfato no tiene la misma sensibilidad frente a todos los olores. Por ejemplo, podemos ser capaces de percibir fácilmente el olor de una cebolla, pero no tanto el de un tomate partido por la mitad.

Los olores son muy importantes en la alimentación. Cuando notamos el olor de la comida comenzamos a producir saliva y el tubo digestivo libera jugos digestivos, que facilitarán la digestión de los alimentos.

El olfato

El aire entra por la nariz a través de las aletas nasales y luego entra en dos cavidades, llamadas **fosas nasales**.

En lo alto de cada fosa nasal, debajo del hueso etmoides, se encuentran células nerviosas (más de 100 millones) sensibles a los olores, las cuales terminan en pequeños cilios que capturan como tentáculos las sustancias aromáticas. Cuando éstas se fijan sobre los cilios de las células nerviosas, dichas células envían un mensaje que viaja a través de las fibras nerviosas hasta el bulbo olfativo, donde entra en contacto con el nervio olfativo. Por medio de este nervio, el mensaje llega hasta el cerebro, el cual lo analiza y reconoce el olor gracias a la memoria.

La nariz es el órgano del olfato.

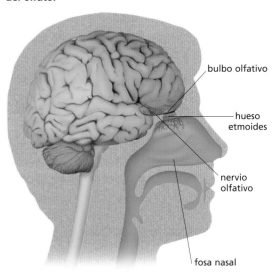

bulbo olfativo

hueso etmoides

nervio olfativo

fosa nasal

Las papilas gustativas de la lengua, vistas en un microscopio electrónico.

La lengua y el gusto

Me gusta, no me gusta... Generalmente, durante una comida se oyen estas palabras. Gracias a la lengua y a la nariz, se percibe el gusto de los alimentos y es posible disfrutar con la comida.

El gusto

A menudo se confunden el olor, el gusto y el sabor de un alimento.

El olor se transmite a distancia, mientras que el sabor sólo se percibe cuando el alimento entra en contacto con la lengua.

Este órgano es capaz de reconocer cuatro tipos de sabores: dulce, salado, ácido (como el limón) y amargo (como la endibia) y las combinaciones de éstos. Sin embargo, los cuatro sabores no siempre son suficientes para identificar dos alimentos. Por ejemplo, el limón y el pomelo son ácidos los dos, pero se pueden distinguir por el olfato. Asimismo, aquello que se denomina «gusto» de un alimento es el conjunto del olor y del sabor.

Al igual que en el caso de los olores, los alimentos contienen sustancias que son reconocidas por la lengua cuando entran en contacto con ésta.

El buen (o mal) gusto de un alimento depende de la cantidad de sustancias que contiene. Un plato con poca sal, resulta soso y poco apetitoso. Al contrario, si es demasiado salado, resulta desagradable.

Lo mismo ocurre con los otros tres gustos. Al igual que el olor, el gusto cumple una función importante en la alimentación, ya que un sabor agradable puede estimular el apetito.

El gusto y la lengua

La lengua cumple diversas funciones: participa en el lenguaje; en la masticación, colocando los alimentos entre los dientes; mezcla los alimentos con la saliva para iniciar el proceso de la digestión. Por último, la lengua es el órgano del gusto: cuando comemos, las sustancias que encierran los alimentos son captadas por las pequeñas **papilas** que recubren la lengua. Cada una de ellas reconoce un tipo diferente de sabor (ver derecha).

Mientras la lengua trabaja, se transmiten sustancias olorosas de la boca a las fosas nasales, por ello cuando se está resfriado cambia el sabor de los alimentos. De esta forma, nariz y lengua cooperan para reconocer el gusto de los alimentos.

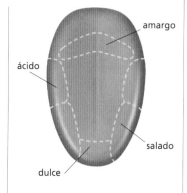

amargo

ácido

salado

dulce

Las diferentes zonas del gusto en la lengua

Las papilas que reconocen el sabor dulce se sitúan principalmente en la punta de la lengua. Las que identifican el sabor salado y el sabor ácido se encuentran en los bordes, y aquellas que reconocen el sabor amargo se localizan en el fondo de la lengua. Cada papila contiene varias células nerviosas que terminan en pequeños cilios sobre los cuales se fijan las sustancias contenidas en los alimentos. Los cilios emiten un mensaje nervioso que llega al cerebro a través de un nervio. El gusto desaparece una vez que se traga el alimento, ya que las glándulas salivales asociadas a la lengua limpian permanentemente las papilas, mediante la saliva.

La lengua permite reconocer el gusto de lo que comemos.

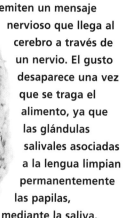

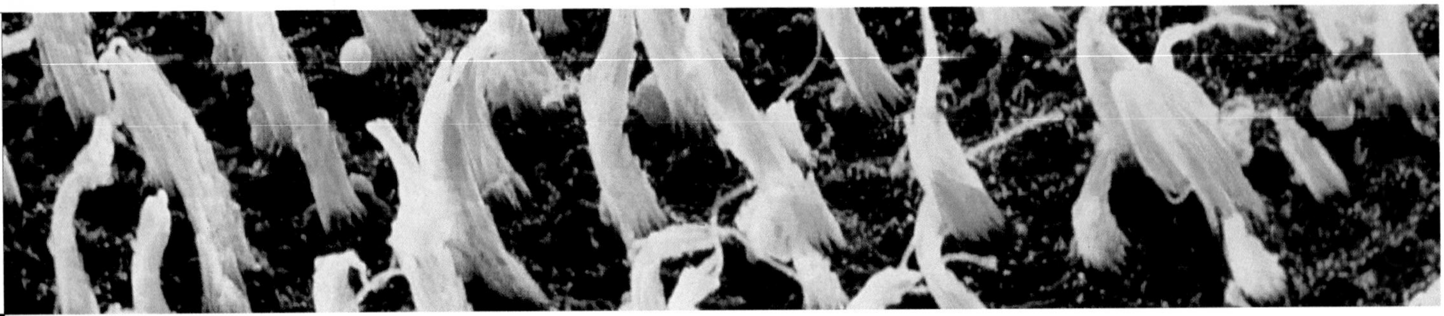

Los cilios del oído interno reaccionan a las vibraciones.

El sentido del oído

Los efectos peligrosos del ruido

Los sonidos demasiado intensos pueden provocar sordera parcial o total. Esto es cierto en el caso de sonidos accidentales, principalmente el ruido de explosiones. En general, nos quedamos un poco sordos y con los oídos tapados tras el estallido de un petardo. Cuando el sonido es aún más intenso, puede llegar a causar una sordera definitiva.

Los sonidos menos intensos, pero repetidos, también son peligrosos para los oídos. Por este motivo, las personas que trabajan en un ambiente ruidoso (pistas de aeropuerto, canteras, etc.) usan protecciones.

Tampoco es aconsejable escuchar un walkman con el volumen demasiado alto.

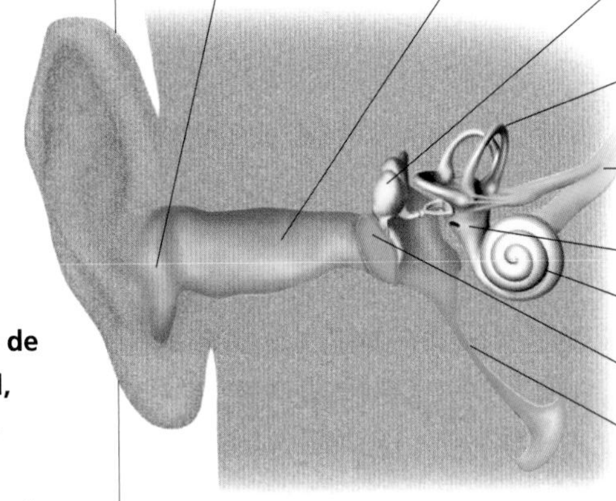

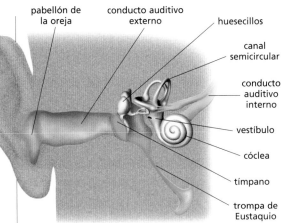

El órgano del oído.

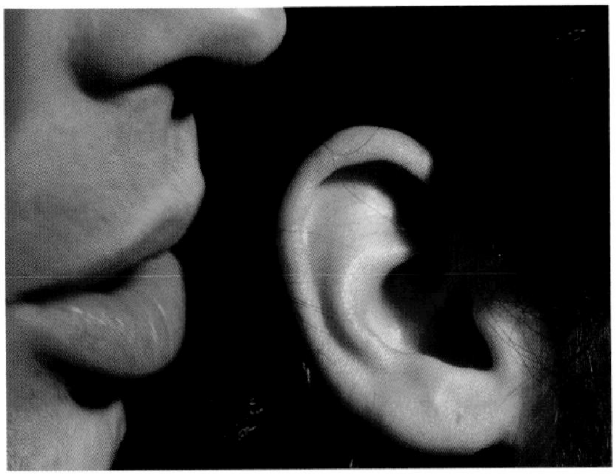

El oído capta los sonidos exteriores y los transforma en mensajes nerviosos que van al cerebro.

Un sonido puede percibirse a kilómetros de distancia, ya que las vibraciones se propagan en el aire. El oído es capaz de captar estas vibraciones y transformarlas en un mensaje nervioso que envía al cerebro. El oído es también el órgano del equilibrio.

El viaje de un sonido

Cuando un sonido llega hasta el oído, es recogido por el **pabellón**. Luego pasa por el conducto auditivo externo. Al fondo de éste y tenso como la membrana de un tambor, el **tímpano** capta las vibraciones del aire y se pone también a vibrar. Tres pequeños huesos, llamados martillo, yunque y estribo, transmiten a continuación las vibraciones al **oído interno** o **laberinto**, donde las vibraciones de los huesos son transmitidas a la cóclea, un canal enrollado en forma de caracol y lleno de líquido. El líquido hace vibrar unos cilios microscópicos situados en las paredes del canal. Estos cilios son las terminaciones de las células nerviosas que se unen para formar un nervio en el conducto auditivo interno, que conduce el mensaje nervioso hacia la zona auditiva del cerebro. El oído se comunica con la garganta mediante la trompa de Eustaquio, necesaria para el buen funcionamiento del tímpano.

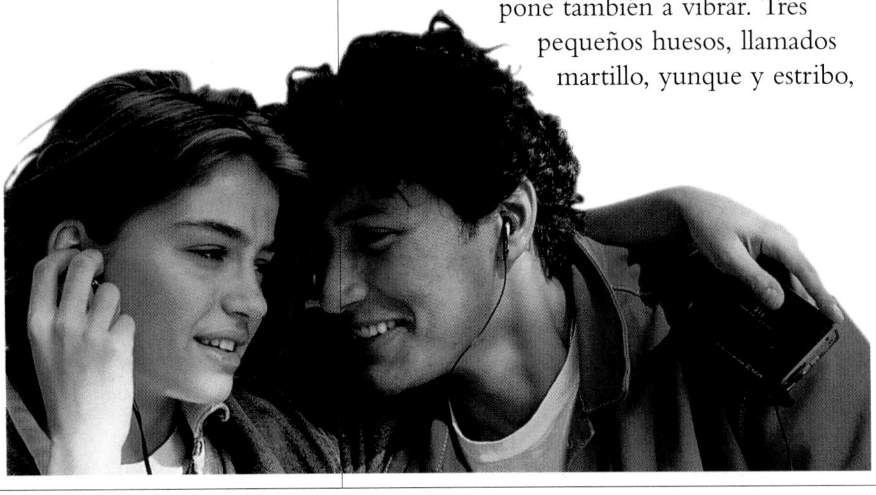

El equilibrio

El equilibrio se mantiene gracias a determinados órganos situados en el interior del oído. En el oído interno se encuentra una red de canales, el vestíbulo y los canales semicirculares, que contienen un líquido que entra en movimiento cuando nuestro cuerpo cambia de posición. Este líquido da origen a un mensaje nervioso conducido al cerebro, que a su vez reenvía otro mensaje a los músculos para corregir la posición del cuerpo con el fin de mantener el equilibrio.

Los ciegos «leen» con sus dedos por medio del sistema de escritura braille.

La piel y el tacto

La piel es un órgano muy valioso ya que nos aporta mucha información sobre el mundo exterior; nos permite reconocer las formas, pero también sentir el calor, el frío, las vibraciones y el dolor. La información que procede tanto de la piel como del interior del cuerpo es transmitida al cerebro permanentemente.

La sensibilidad de la piel

Al pasar la mano sobre un vidrio o sobre una piedra pómez, se tiene la sensación de que el primero es liso y la segunda, rugosa. La piel proporciona información sobre los objetos que se tocan, ya que tiene células nerviosas. Algunas son sensibles al calor, otras al frío, al dolor, al tacto que reconoce las superficies (lisa o áspera) y a las presiones más fuertes como golpes o vibraciones.

No siempre se utiliza la misma zona de la piel para percibir las sensaciones.

Por ejemplo, para palpar o acariciar, se utilizan las puntas de los dedos porque en esta zona las células nerviosas sensibles al tacto son muy numerosas. En cambio, la temperatura de un enfermo se nota en la frente con la palma de la mano, ya que en ella hay muchas células nerviosas sensibles al calor. Toda esta

información es conducida al cerebro a través de los nervios.

La sensibilidad profunda

Al bailar con los ojos cerrados, se sabe si los brazos están arriba o abajo, o si el cuerpo está doblado o recto. Continuamente se recibe información acerca de la posición del cuerpo. Estos «datos» provienen de receptores que se encuentran en el interior del cuerpo, en las articulaciones, los tendones y los músculos. Por esta razón, se habla de sensibilidad profunda del cuerpo.

Ya venga de la piel o de los órganos profundos, la información procedente de la mitad izquierda del cuerpo llega al hemisferio derecho del cerebro, y la de la mitad derecha llega al izquierdo.

Las zonas sensibles, como la mano, envían su información a una extensa superficie de la **corteza cerebral**, mientras que las zonas menos sensibles, como la espalda, lo hacen a una superficie más pequeña.

El dolor

El dolor es una sensación que puede proceder de un lugar cualquiera del cuerpo como reacción frente a un fenómeno anormal: corte, quemadura, infección, etc.

El mensaje de dolor se transmite al cerebro mediante células nerviosas diferentes de aquellas que conducen los demás tipos de sensaciones, como el tacto. Si una persona roza con el brazo un objeto caliente, se produce un intenso dolor que provoca el encogimiento inmediato del brazo. La quemadura será leve y bastará con colocar el brazo bajo el agua para calmar el dolor (arriba). Sin la sensación de dolor, la persona no habría retirado su brazo y la quemadura habría sido más grave. Por lo tanto, a veces el dolor es una reacción de protección del organismo. También puede proceder de un lugar profundo del cuerpo, en cuyo caso informa acerca de la existencia de una anomalía en un órgano, como una infección, inflamación, etc.

La punta de los dedos es muy sensible.

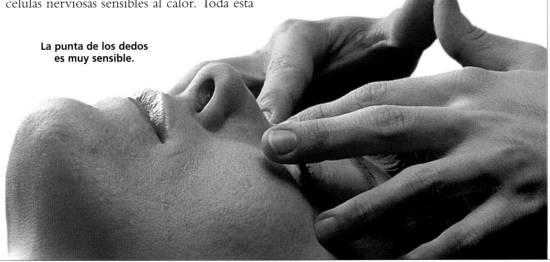

Vista anterior del esqueleto

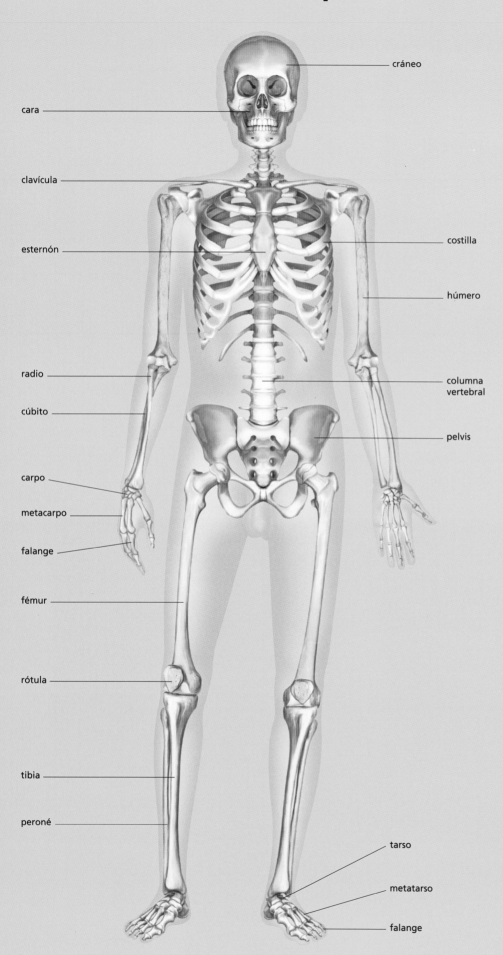

cráneo

cara

clavícula

esternón

costilla

húmero

radio

columna
vertebral

cúbito

pelvis

carpo

metacarpo

falange

fémur

rótula

tibia

peroné

tarso

metatarso

falange

El esqueleto puede dividirse en tres grandes partes:

• Esqueleto de la cabeza (huesos del cráneo y huesos de la cara).

• Esqueleto del tronco (columna vertebral, costillas y esternón).

• Esqueleto de las extremidades (brazos, piernas, hombros y pelvis).

Cráneo y cara

Albergan el cerebro y algunos órganos de los sentidos (nariz, ojos, oídos, lengua).

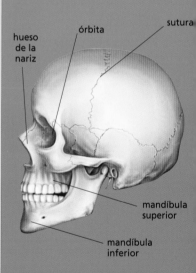

hueso
de la
nariz

órbita

sutura

mandíbula
superior

mandíbula
inferior

El cráneo está formado por huesos que, al juntarse, forman suturas. En los primeros meses de vida, las suturas son flexibles y permiten el crecimiento de los huesos. Luego, se sueldan y se vuelven rígidas.

El hueso de la mandíbula inferior se une a los demás mediante una articulación móvil.

Vista posterior del esqueleto

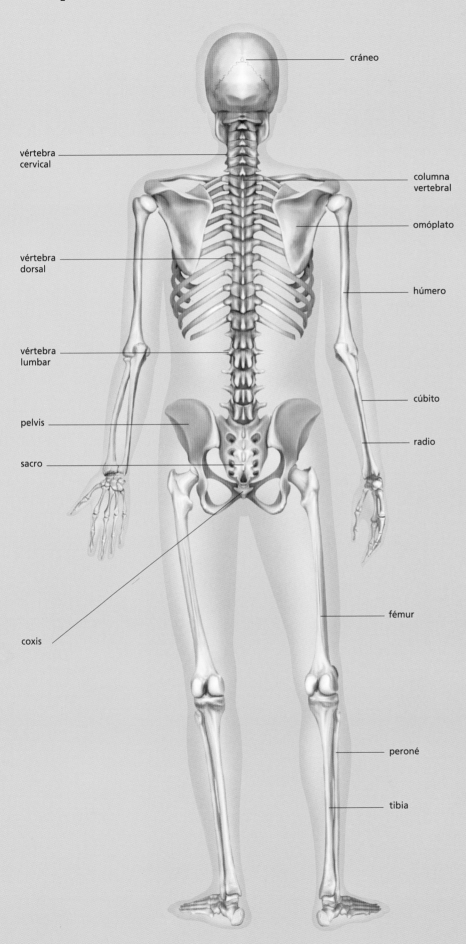

cráneo

vértebra
cervical

columna
vertebral

omóplato

vértebra
dorsal

húmero

vértebra
lumbar

cúbito

pelvis

radio

sacro

fémur

coxis

peroné

tibia

El esqueleto consta de 206
huesos, que sostienen y
protegen los órganos. Se
clasifican en tres categorías:
huesos largos (como el fémur),
huesos planos (como los
omóplatos) y huesos cortos
(como las vértebras). Los huesos
crecen hasta los 18 o incluso
hasta los 25 años.

El pie

El pie está unido a dos huesos
de la pierna (tibia y peroné) a la
altura del tobillo. El pie soporta
el peso del cuerpo y permite
caminar.

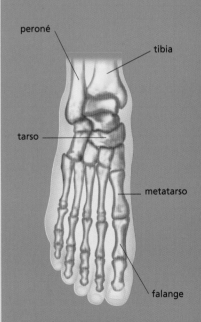

peroné

tibia

tarso

metatarso

falange

El esqueleto del pie comprende,
al igual que el de la mano, tres
segmentos distintos: de atrás
hacia delante, se encuentran los
huesos del tarso, los huesos del
metatarso y las falanges.

Vista anterior de los músculos

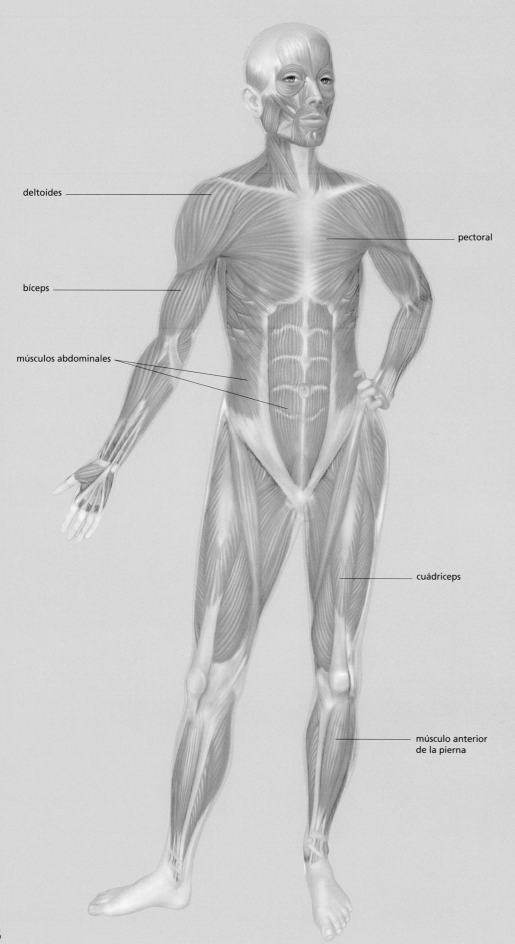

deltoides

pectoral

bíceps

músculos abdominales

cuádriceps

músculo anterior
de la pierna

Los músculos constituyen la mayor parte del cuerpo humano y nos permiten realizar todo tipo de movimientos. Están unidos a los huesos por los tendones.

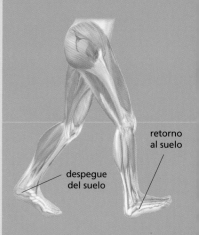

retorno
al suelo

despegue
del suelo

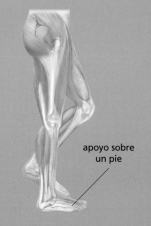

apoyo sobre
un pie

Los músculos al caminar

Se logra caminar gracias a las contracciones de los músculos de la pierna y del pie. La posición y el grado de contracción o estiramiento de cada músculo son transmitidos al cerebro, que en todo momento envía órdenes para coordinar los movimientos.

Vista posterior de los músculos

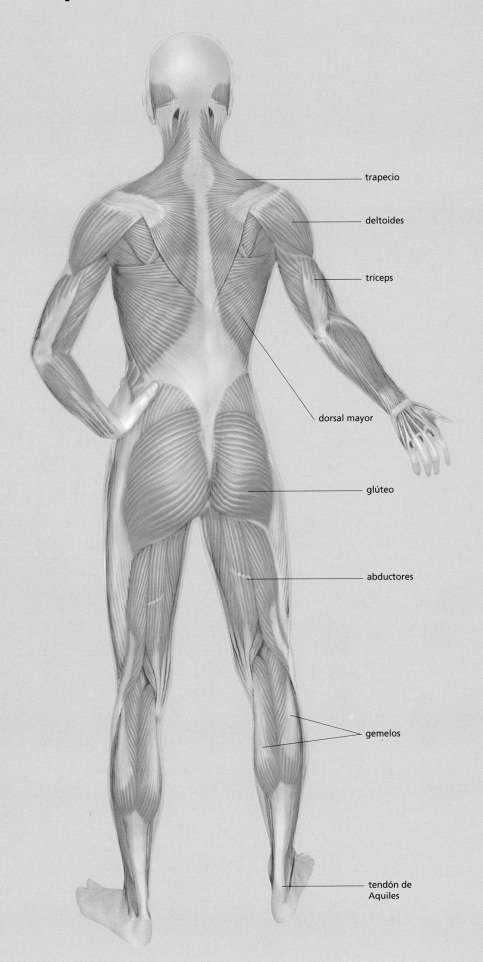

- trapecio
- deltoides
- tríceps
- dorsal mayor
- glúteo
- abductores
- gemelos
- tendón de Aquiles

La rodilla es una articulación

Las articulaciones son las partes del cuerpo donde un hueso se junta con otro, permitiendo un determinado movimiento.

La rodilla es la articulación que está situada en la unión del fémur, la tibia, el peroné y la rótula. Permite doblar la pierna para arrodillarse, extenderla para ponerse de pie o girarla levemente.

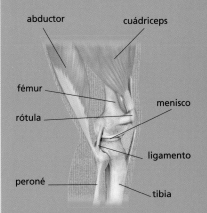

- abductor
- cuádriceps
- fémur
- rótula
- menisco
- peroné
- ligamento
- tibia

La rodilla comprende, por delante, la terminación de un músculo del muslo denominado cuádriceps, que está ligado a la rótula. Esta última está unida a la tibia por un tendón. La articulación de la rodilla está fijada sólidamente por fuertes ligamentos.

Los meniscos son cartílagos de forma semilunar que se encuentran entre el fémur y la tibia; su función es amortiguar los movimientos.

La circulación sanguínea

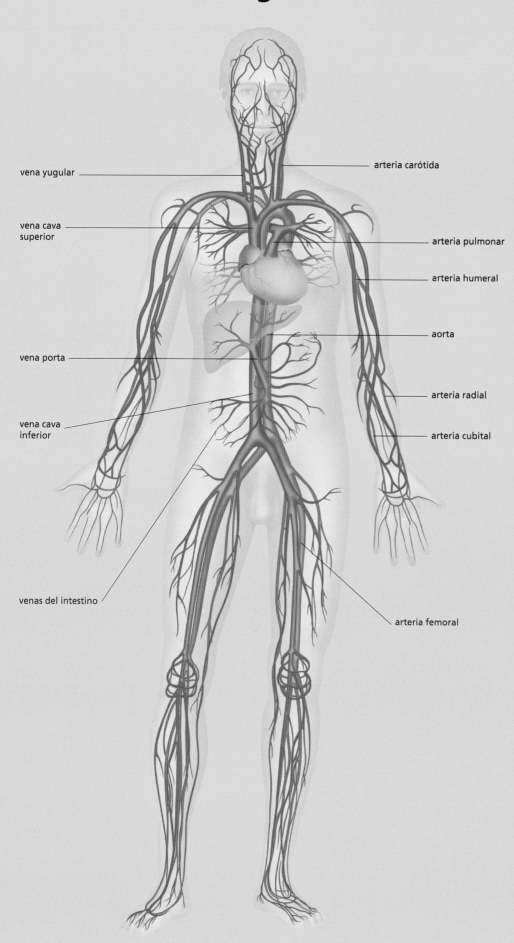

vena yugular

arteria carótida

vena cava
superior

arteria pulmonar

arteria humeral

aorta

vena porta

arteria radial

vena cava
inferior

arteria cubital

venas del intestino

arteria femoral

La circulación sanguínea permite que lleguen a todas las células del cuerpo el oxígeno y el alimento que necesitan, y eliminar sus desechos.

El mecanismo de la circulación

La sangre «roja», rica en oxígeno, es distribuida en la parte superior e inferior del cuerpo (1 y 4) por la aorta y las arterias que salen de ella.

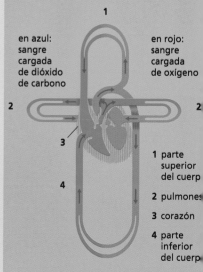

en azul:
sangre
cargada
de dióxido
de carbono

en rojo:
sangre
cargada
de oxígeno

1

2   2

3

4

1 parte
  superior
  del cuerp

2 pulmones

3 corazón

4 parte
  inferior
  del cuerp

Después, vuelve en forma de sangre «azul», cargada de dióxido de carbono, a través de las venas cavas que la conducen hasta el corazón (3). Desde ahí, la arteria pulmonar la transporta a los pulmones (2), donde pierde el dióxido de carbono y se vuelve a cargar de oxígeno. Entonces, vuelve al corazón a través de las venas pulmonares.

El cerebro y los nervios

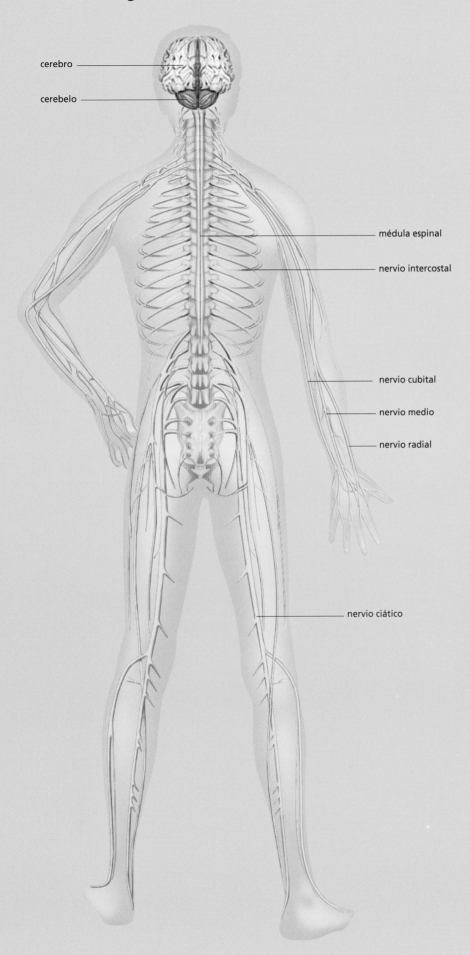

cerebro

cerebelo

médula espinal

nervio intercostal

nervio cubital

nervio medio

nervio radial

nervio ciático

El sistema nervioso tiene dos partes: el sistema nervioso central (cerebro, cerebelo, bulbo raquídeo, médula espinal), que recoge la información proveniente del cuerpo y proporciona las respuestas adecuadas; y el sistema nervioso periférico (nervios que unen el sistema nervioso central con el resto del cuerpo), que transmite la información y las respuestas hacia los órganos respectivos.

¿Cómo funciona el sistema nervioso?

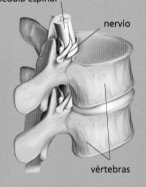

médula espinal

nervio

vértebras

Cuando nos quemamos un dedo, un receptor transmite el mensaje de dolor, por medio de un nervio, hacia la médula espinal (que se encuentra en el interior de las vértebras). En respuesta, el mismo nervio, u otro, vuelve a enviar un mensaje hacia el músculo, el cual se contrae alejando el dedo de la fuente de calor.

Los órganos del hombre

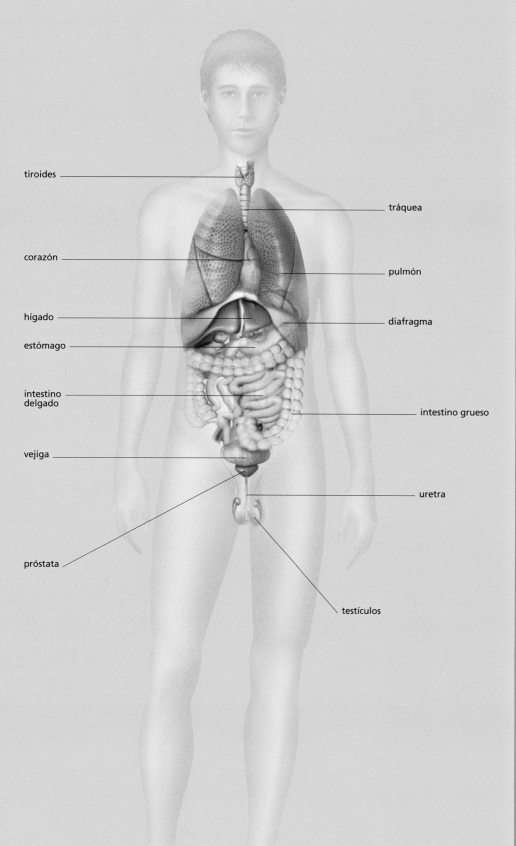

tiroides

corazón

hígado

estómago

intestino
delgado

vejiga

próstata

tráquea

pulmón

diafragma

intestino grueso

uretra

testículos

Los órganos del cuerpo del hombre y de la mujer son idénticos, excepto los órganos genitales externos e internos, que permiten la reproducción.

Los órganos genitales del hombre

Los órganos genitales externos son el pene y el escroto (o bolsa), que contiene los testículos. Los órganos genitales internos son la próstata y las vesículas seminales.

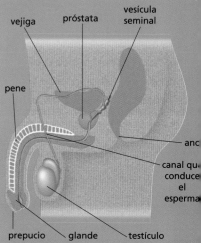

vejiga   próstata   vesícula
seminal

pene

anc

canal que
conduce
el
esperma

prepucio   glande   testículo

Los testículos producen los espermatozoides y una hormona: la testosterona. Ésta influye durante la pubertad en el desarrollo de los órganos genitales y de las características sexuales secundarias (como la barba y el cambio de voz).

Los órganos de la mujer

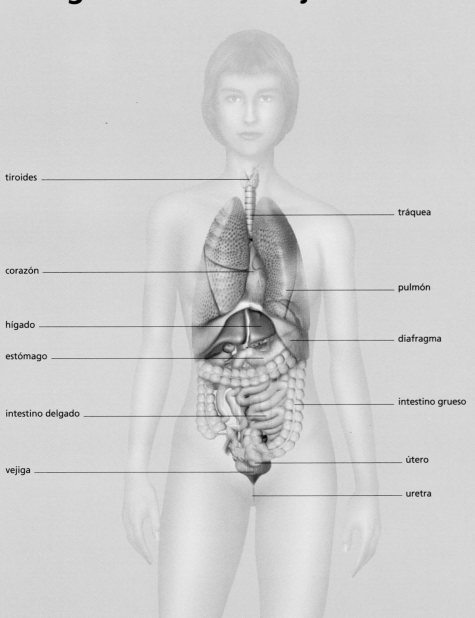

tiroides

corazón

hígado

estómago

intestino delgado

vejiga

tráquea

pulmón

diafragma

intestino grueso

útero

uretra

La mama

La mama es una glándula situada sobre los músculos del pecho que sirve para producir leche.

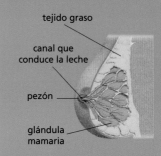

tejido graso

canal que conduce la leche

pezón

glándula mamaria

Los órganos genitales de la mujer

Los órganos genitales externos de la mujer son la vulva, formada por los labios menores y los labios mayores, y el clítoris.

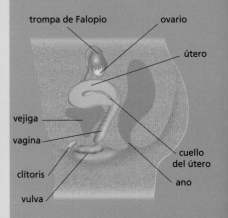

trompa de Falopio

ovario

útero

vejiga

vagina

cuello del útero

clítoris

ano

vulva

Los órganos genitales internos son la vagina, el útero, las dos trompas de Falopio y los dos ovarios. Cada mes, uno de los ovarios libera un óvulo que se dirige a través de una de las trompas de Falopio hacia el útero. Si el óvulo no es fecundado, se produce la menstruación o regla.

La salud

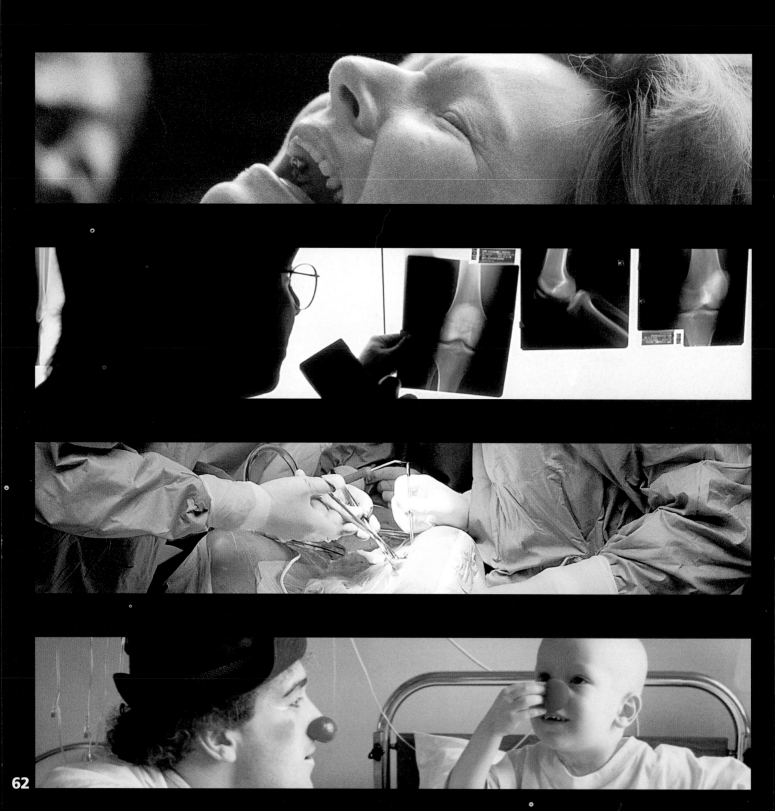

y el cuerpo

Desde siempre, el hombre ha buscado curar las enfermedades. Al principio, el arte de sanar se basaba en creencias mágicas y religiosas; con el paso de los siglos, se transformó en una ciencia: la medicina.

Historia de la medicina

- **antibiótico:** medicamento que impide el desarrollo de ciertos microbios o los destruye.
- **célula:** elemento constituyente de todo ser vivo, que se compone de una membrana, un núcleo y un líquido, llamado citoplasma.
- **cromosoma:** elemento de la célula, que contiene los caracteres hereditarios.
- **diagnóstico:** identificación de una enfermedad.
- **disección:** dividir en partes o abrir un organismo para su estudio o examen.
- **gen:** elemento de un cromosoma que condiciona la transmisión y manifestación de un carácter hereditario determinado.
- **higiene:** cuidados del cuerpo o normas que permiten mantener la salud pública.
- **microbio o microorganismo:** ser vivo microscópico que causa enfermedades infecciosas.
- **órgano:** conjunto de tejidos.
- **tejido:** asociación de células.
- **trepanación:** operación quirúrgica que consiste en perforar la cavidad craneal.
- **tumor:** masa anormal de tejido en el cuerpo o en un órgano, originada por una proliferación celular patológica.
- **vacuna:** medicamento que contiene un microbio debilitado, que se introduce en el interior del cuerpo de la persona para protegerla de la enfermedad causada por ese microbio.

Lo que el hombre sabe hoy de su cuerpo y de su espíritu, de las enfermedades y sus tratamientos es fruto de una larga historia que aún no ha concluido.

De la magia a la medicina

Hace aproximadamente 10 000 años, el hombre prehistórico ya inmovilizaba los huesos para curar las fracturas; para curar a un enfermo, se le perforaba el cráneo porque se creía que así se dejaba salir a los espíritus del mal, causantes de la enfermedad: esta operación es la **trepanación**.

Hacia el año 2800 a.C., los egipcios poseían un avanzado conocimiento del cuerpo humano, ya que sabían conservar los cuerpos de los muertos: las momias. En África, la enfermedad se consideraba un problema del alma, que un chamán o brujo curaba con plantas usando la magia, sin tener en cuenta el cuerpo. Para los griegos y los romanos, la salud era fruto del equilibrio entre cuatro líquidos contenidos en el cuerpo, los «humores». La medicina estuvo marcada por dos grandes médicos: Hipócrates y Galeno. A Hipócrates (siglo V a.C.) se le deben las bases de una medicina separada de la magia (ver pág. 65). Gracias a Galeno (siglo II d.C.) se conoce mejor la anatomía, es decir la forma y distribución de los **órganos**. Al igual que los griegos y los romanos, los chinos creían que la salud se basaba en

Médico con guantes y máscara para protegerse de la epidemia de la peste en Marsella, en 1720.

un equilibrio, pero entre dos fuerzas opuestas: el yin y el yang. El desequilibrio entre ambas fuerzas provocaba la enfermedad. Para restablecer el equilibrio, utilizaban la acupuntura (ver pág. 69). Actualmente, este tipo de medicina tradicional es aún muy practicada, incluso en el mundo occidental.

La observación del cuerpo

Después de la caída del Imperio romano (siglos IV y V), la medicina se desarrolló poco en Occidente, sin embargo en Oriente, médicos árabes, como Rhazés (siglo X) y Avicena (siglo XI), continuaron el trabajo de los médicos griegos y romanos. Por ejemplo, en los hospitales establecidos desde Irak hasta España (bajo dominio árabe), había cirujanos que operaban los ojos y los riñones.

En la Edad Media, los monjes occidentales tradujeron al latín los descubrimientos de los médicos árabes, propagando estos textos por toda Europa. Al mismo tiempo, nacieron las escuelas de medicina. Durante el Renacimiento (fines del siglo XV y comienzos del siglo XVI), el anatomista flamenco Andrés Vesalio y el cirujano francés Ambroise Paré practicaron la **disección**: abrían los cuerpos de personas muertas y observaban lo que había en su interior. Hasta ese momento, la Iglesia había prohibido la disección.

Los siglos XVII y XVIII estuvieron marcados por el estudio del funcionamiento del organismo: la fisiología. Fue así como el médico inglés

Médicos visitando a los enfermos (fines del siglo XV).

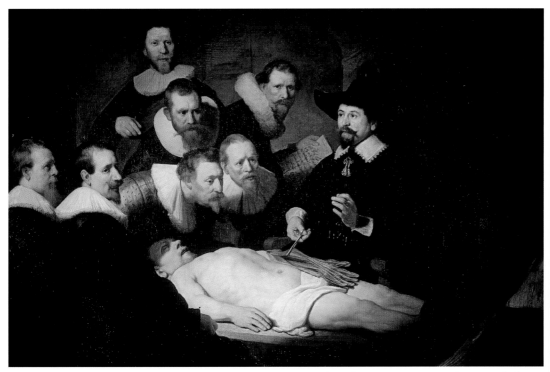

La *Lección de anatomía del doctor Nicolas Tulp*, pintada por Rembrandt en 1632, muestra cómo practicaban la disección los médicos del siglo XVII.

William Harvey descubrió que la sangre circulaba por todo el cuerpo. La invención del microscopio favoreció también el estudio de los **tejidos** del cuerpo.

La medicina se transforma en ciencia

En el siglo XIX, la medicina se transformó progresivamente en una ciencia: para realizar sus investigaciones, los eruditos respetaron el método científico establecido por Claude Bernard. Uno de los grandes descubrimientos del siglo fueron los **microbios**: microorganismos responsables de las enfermedades denominadas infecciosas (ver págs. 72 y 73). La historia de Louis Pasteur es famosa: curó a un joven pastor al que le había mordido un perro enfermo de rabia, inyectándole el líquido extraído de la médula de otro perro con rabia. Así nació la **vacuna** contra esta enfermedad. A fines del siglo XIX, el físico alemán Wilhelm Röntgen descubrió los rayos X, lo que permitió tomar radiografías, es decir, ver el interior del cuerpo. En la primera mitad del siglo XX, el inglés Alexander Fleming descubrió la penicilina: el prime **antibiótico**. A partir de entonces, las enfermedades infecciosas se combaten con vacunas, antibióticos y respetando las normas de **higiene**. Durante el siglo XX se perfeccionaron los métodos de **diagnóstico** y los tratamientos. Actualmente es posible operar el interior del cuerpo sin abrirlo. Además, se sabe cómo penetrar en el núcleo de una **célula** viva y aislar los **genes**: fragmentos de **cromosomas** que llevan los caracteres hereditarios recibidos de los padres.

El cuerpo es una máquina muy compleja que por lo general funciona muy bien; esto es señal de buena salud. Pero, en ocasiones, alguno de sus mecanismos sufre una avería o un desajuste: entonces, el cuerpo está enfermo.

La salud y la enfermedad

- **anestesia:** consiste en dormir al enfermo durante una operación para que no sienta dolor.
- **antibiótico:** medicamento que impide el desarrollo de ciertos microbios o los destruye.
- **asepsia:** ausencia de microbios en una herida, un local o un objeto.
- **auscultar:** acción de escuchar los ruidos que se producen en el interior del cuerpo.
- **diagnóstico:** identificación de una enfermedad.
- **enfermedad:** alteración, de mayor o menor importancia, de la salud.
- **infección:** desarrollo de microbios en el cuerpo.
- **medicamento:** sustancia utilizada para evitar o curar una enfermedad.
- **microbio o microorganismo:** ser vivo microscópico que causa enfermedades infecciosas.
- **órgano:** conjunto de tejidos.
- **prevención:** cuidados que hay que tener en cuenta para no enfermar.
- **síntoma:** señal que revela y permite reconocer una enfermedad.
- **tejido:** asociación de células.
- **tratamiento:** cuidados destinados a evitar o curar una enfermedad.

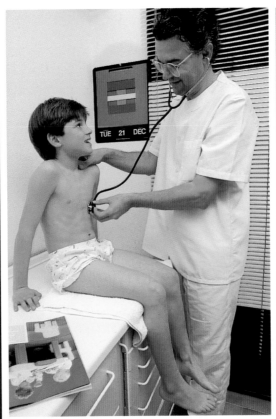

El médico ausculta con la ayuda de un estetoscopio.

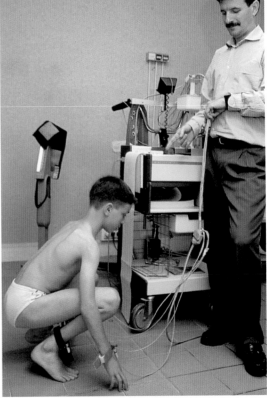

El médico controla la capacidad para practicar deporte.

Cuando el organismo ya no puede defenderse de las enfermedades, es advertido por ciertas señales, los **síntomas**, a partir de los cuales el médico curará el mal.

Dos síntomas: dolor y fiebre

El dolor y la fiebre son los signos más evidentes de algunas **enfermedades**. El dolor puede ser del cuerpo o de la mente. El que se refiere al cuerpo, el dolor físico, se traduce en una sensación de malestar, en una impresión de ardor, picazón, etc. El dolor psíquico provoca tristeza, o una inquietud que, a veces, puede ocasionar también dolor físico. Todo dolor es un síntoma, una especie de advertencia que indica que el cuerpo o el espíritu están sometidos a una agresión. Además, el dolor da al médico elementos que pueden ayudarlo a reconocer la enfermedad. La fiebre es un aumento anormal de la temperatura corporal, la cual revela que el organismo es víctima de una agresión y que, a la vez, se está defendiendo de ésta. La temperatura normal del cuerpo humano es de 37 °C. En estado febril varía, en general, entre 38 y 41 °C.

El papel del médico

El médico cura nuestro cuerpo. Gracias a sus conocimientos, a sus instrumentos y a su entrega, puede socorrer y sanar. Además, alivia el espíritu: su presencia tranquiliza y da

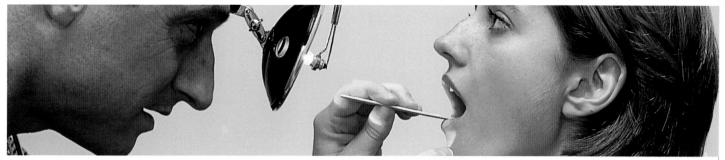

El médico examina el fondo de la garganta.

confianza. El médico también es responsable de un aspecto importante de la salud: la **prevención**, es decir, todo lo que conviene hacer para evitar las enfermedades. Algunos médicos son generales: tratan a todos los pacientes y todas las enfermedades. Otros médicos se especializan en ciertos pacientes (niños, en el caso del pediatra), en ciertos órganos (el corazón, el intestino, etc.) o en alguna enfermedad (por ejemplo, la **infección** producida por un **microbio**).

El examen médico

El médico, antes de curar, debe hacer un **diagnóstico**, es decir, descubrir de qué enfermedad se trata (sarampión, resfriado, etc.). Para eso, interroga al paciente sobre los síntomas que tiene, por ejemplo, el dolor. A continuación realiza un examen, si es necesario con pequeños instrumentos de uso habitual. Primero examina el cuerpo del enfermo para comprobar que no haya granos en la piel, una deformación de la columna vertebral, etc. Para observar el fondo de la garganta, se ayuda de una luz y de una pequeña placa que le permite apoyarse sobre la lengua para ver mejor. Para examinar los oídos, dispone de un otoscopio, pequeño tubo provisto de una lupa y una lámpara minúscula. Para revisar los reflejos, el funcionamiento de los nervios, emplea un pequeño martillo (martillo para los reflejos). Cuando golpea suavemente la rodilla de una persona sentada con las piernas colgando, la pierna se levanta repentina e involuntariamente.
El médico también **ausculta** al enfermo: escucha los ruidos internos de su cuerpo. El

estetoscopio es un tubo flexible en forma de Y que permite escuchar los latidos del corazón y la respiración.
A veces, el examen realizado por el médico no basta para un diagnóstico y hay que efectuar exámenes complementarios.

El hospital

Para curar algunas enfermedades es necesario acudir al hospital. Allí están los diferentes especialistas distribuidos en varios servicios (medicina general, cirugía, maternidad, radiología, etc.), que ofrecen numerosos cuidados a los enfermos: desde una sencilla muestra de sangre, hasta una operación muy delicada.
El tiempo de permanencia en el hospital varía en función de los cuidados necesarios. Se puede estar un solo día o, a veces, mucho más tiempo. Algunos enfermos que se desplazan con dificultad reciben en su domicilio los mismos cuidados que en el hospital.

Algunos pacientes deben permanecer un tiempo en «observación» en el hospital.

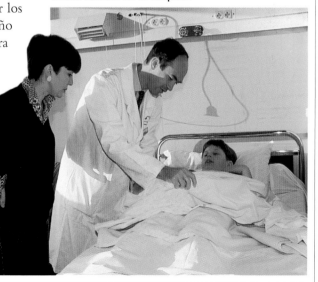

Cuidados en urgencias

Respondiendo a las llamadas de socorro realizadas por teléfono o por radio, los médicos deben enfrentarse a situaciones de urgencia (accidentes, incendios, epidemias, guerras) que pueden producir hemorragias, asfixia y fiebre alta, las cuales deben tratarse inmediatamente.

La urgencia puede afectar a poblaciones enteras, como en la foto, donde un equipo médico interviene en un campamento para refugiados: personas trasladadas a causa de la guerra, que viven en tiendas y en condiciones de higiene muy precarias.
Los médicos deben curar a los heridos o enfermos muy rápidamente; incluso, a veces, operan sobre el terreno con la ayuda de material perfeccionado que se encuentra en las ambulancias. Gracias a los avances técnicos, los equipos médicos de urgencia logran en la actualidad salvar vidas que hace 50 años no habrían podido recuperarse.

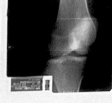

El médico examina unas radiografías de la rodilla.

Los exámenes complementarios

El análisis de sangre

Para analizar la sangre en un laboratorio, se debe tomar una muestra del paciente. Para ello, se pincha a través de la piel, con una aguja hueca, en una vena, y se extrae la sangre, que se almacena en un pequeño tubo.
Esta muestra de sangre se toma generalmente de una vena del brazo, como se ve en la fotografía.

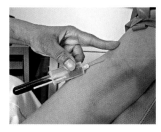

Para evitar la contaminación con un virus o bacteria, se utiliza una aguja esterilizada, libre de microbios. El análisis de la sangre permite obtener información muy valiosa sobre los elementos que contiene (ver págs. 38 y 39): las plaquetas y los glóbulos rojos y blancos, a partir de los cuales se detectan algunas enfermedades. Por ejemplo, si los glóbulos rojos son más bien irregulares y no son redondos, se sabe que la enfermedad es una anemia. Si existen muchos glóbulos blancos, hay una infección. En ese caso, se hacen otros análisis para saber de qué infección se trata.

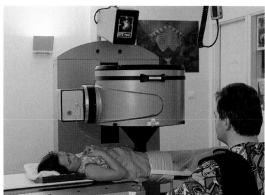

Durante la gammagrafía, una cámara especial explora una parte del cuerpo.

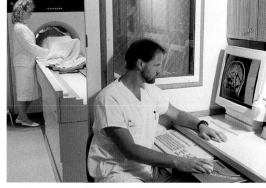

Escáner del cerebro: el enfermo se coloca en el aparato y el médico lo observa en la pantalla.

Cuando el médico, al finalizar el examen del paciente (ver pág. 67), no cuenta con los elementos suficientes para dar un **diagnóstico** seguro, prescribe exámenes complementarios, que son mucho más precisos.

Los exámenes complementarios

Los primeros exámenes solicitados son generalmente los de sangre y orina, que permiten detectar algunas enfermedades de la sangre, los riñones, el hígado, etc. Si se teme una anomalía del corazón o del cerebro, se recurre a un electrocardiograma, que registra la actividad eléctrica del corazón, y a un electroencefalograma, que hace lo mismo con la actividad cerebral.

Imágenes precisas del cuerpo

Otros exámenes se realizan con aparatos que pueden reproducir en una pantalla imágenes muy precisas del interior del cuerpo. Gracias a estas técnicas, denominadas «diagnóstico por imágenes», es posible observar en detalle las partes más complejas del cuerpo humano. Entre estos exámenes se encuentran la endoscopia, la radiología (la radiografía, la tomografía axial computarizada (TAC) y la gammagrafía) y la ecografía.

La endoscopia consiste en introducir en el cuerpo un tubo provisto de un sistema de iluminación que, a menudo, está en conexión con una cámara. Permite ver el interior de los bronquios, del estómago, etc.
La tomografía axial computarizada (TAC), que utiliza un escáner, facilita imágenes de los **órganos** como si los hubiesen cortado por la mitad. Para ello, el paciente se coloca sobre una especie de cama que se desliza dentro del cilindro del escáner, donde un haz de rayos X recorre la parte del cuerpo que se va a examinar. La información se transmite a un ordenador que reconstruye la imagen.
La gammagrafía consiste en inyectar en dosis pequeñas una sustancia radiactiva que emite una radiación. Esta sustancia se fija en el órgano a examinar. Una cámara especial registra la radiación emitida por el órgano y retransmite la imagen sobre una pantalla que el médico observa.
La ecografía consiste en enviar ultrasonidos —es decir, sonidos de frecuencia tan elevada que el oído no puede captar— a una parte del cuerpo, mediante una sonda.
Los ultrasonidos atraviesan los órganos y proporcionan una imagen de éstos en una pantalla de control.

Herborista preparando un medicamento a base de plantas.

Los medicamentos

Una vez realizado el diagnóstico, el médico prescribe al paciente un **tratamiento** para curarlo. El tratamiento puede incluir **medicamentos**, que actúan de diferentes maneras: algunos, como las vacunas, permiten prevenir una enfermedad; otros la hacen desaparecer (como los **antibióticos** contra la **infección**), o la controlan (como la insulina contra la diabetes); y otros, no hacen más que calmar un **síntoma** (el dolor o la fiebre, por ejemplo).

Comprimidos, pomadas, jarabes...

Durante mucho tiempo, los medicamentos se elaboraban con elementos naturales como las plantas. Hoy en día, la gran mayoría de los medicamentos se fabrican en los laboratorios mediante complejos procedimientos químicos: son medicamentos sintéticos. Pero cualquiera que sea el modo de fabricación, todos deben ser eficaces y no dañar la salud. Los medicamentos que se compran en las farmacias han sido estudiados y

probados durante muchos años. Se presentan en distintas formas: cápsulas, comprimidos, polvo, pomadas, ampollas, supositorios, etc. Según su forma, se administran por la boca, o bien se inyectan en las venas, en los músculos o bajo la piel.

Algunos medicamentos actúan también a través de la piel o las mucosas, como el «parche», que contiene un producto que se adhiere a la piel, y se expande por todo el cuerpo.

Homeopatía: curar con suavidad

Algunos médicos utilizan la homeopatía, una «medicina suave», ya que no conlleva riesgos para el enfermo. Los medicamentos homeopáticos contienen sustancias que se encuentran en la naturaleza (plantas, etc.), pero en cantidades ínfimas.

La acupuntura: otra manera de curar

Esta medicina china tradicional es una medicina suave, que cura algunas enfermedades sin recurrir a medicamentos.

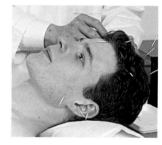

Es la medicina más antigua del mundo (existe desde el año 3000 a.C.). Los europeos la descubrieron en el siglo XVII y en la actualidad la practican también los médicos occidentales.

La acupuntura considera que la enfermedad es un desequilibrio entre los flujos energéticos. Esta energía («ki») circula por el cuerpo siguiendo determinados caminos: los «meridianos». A lo largo de éstos, se sitúan los puntos de la acupuntura. El médico clava finas agujas en algunos de estos puntos para que la energía circule mejor. El tratamiento dura varias sesiones. La acupuntura se utiliza para aliviar dolores de cabeza, disminuir las alergias, los efectos del estrés, etc.

La inhalación descongestiona la nariz y permite respirar mejor.

El cirujano se coloca guantes, máscara y una ropa especial para operar.

La cirugía

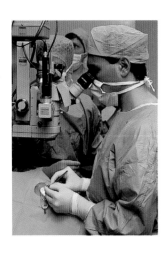

La microcirugía

La microcirugía surgió gracias al perfeccionamiento de los microscopios que pueden aumentar hasta cuarenta veces la visión del cirujano durante una operación.
Este tipo de cirugía permite realizar intervenciones que resultaban imposibles hace pocos años, como reparar un nervio o un dedo cortado. La cirugía del ojo se ha enriquecido mucho con esta nueva técnica (ver foto superior). Durante la operación, el médico no observa directamente al enfermo, sino que lo hace a través de un microscopio binocular (con un ocular para cada ojo) o en una pantalla. El resto del material también se ha perfeccionado mucho. Así por ejemplo, los hilos para suturar o coser son extremadamente finos.

En ocasiones, los medicamentos no bastan para curar una enfermedad. Es necesario, entonces, intervenir directamente en el cuerpo y recurrir a un cirujano para que practique una operación: hacer una incisión en un absceso, suturar una herida, efectuar un injerto, etc. La cirugía se aplica a niños y a adultos, y puede realizarse en cualquier parte del cuerpo.

Una disciplina en plena evolución

La cirugía alcanzó su verdadero éxito en el siglo XIX con el descubrimiento de la **asepsia** y la **anestesia**. El cirujano inglés Joseph Lister descubrió la importancia de la asepsia, es decir, el conjunto de precauciones necesarias para reducir el riesgo de **infecciones** causadas por los **microbios**. La anestesia ha permitido suprimir el dolor del enfermo durante la operación, insensibilizando una parte de su cuerpo (anestesia local) o

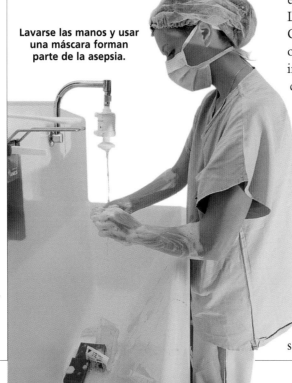

Lavarse las manos y usar una máscara forman parte de la asepsia.

induciéndolo a un sueño profundo (anestesia general). Antes, el dolor impedía el trabajo prolongado del cirujano y la infección provocaba, a menudo, la muerte del paciente después de la operación.

En los últimos años, se han desarrollado nuevas técnicas que compiten con la cirugía tradicional. El láser, un aparato que produce una especie de rayo luminoso, permite cortar tejidos, pulverizar **tumores** y hasta retirar una fina membrana de un órgano tan frágil como el ojo. Es un instrumento valioso y muy utilizado actualmente.

Por otra parte, el uso de aparatos que producen ondas especiales ha permitido destruir cálculos («piedras») en el aparato urinario, por ejemplo, sin tener que «abrir» al enfermo.

La microcirugía permite operar partes minúsculas del cuerpo con la ayuda de microscopios muy perfeccionados. Gracias a ella, la cirugía del ojo ha progresado mucho. La endoscopia es otra gran innovación. Consiste en introducir a través de pequeños orificios hechos en el cuerpo, los instrumentos y un tubo (endoscopio) provisto de una cámara, gracias a los cuales el cirujano tiene un control total de sus movimientos. Las secuelas de la operación son menos peligrosas y el período de hospitalización es muy breve.

La operación

Durante una operación, se moviliza todo un equipo (cirujano, asistentes, anestesista, enfermeras). Para eliminar los microbios de la sala de operaciones, de la ropa del equipo médico y de los instrumentos, se adoptan estrictas medidas asépticas. Antes de operar, el cirujano se viste con ropa estéril, se lava las manos con jabón antiséptico y

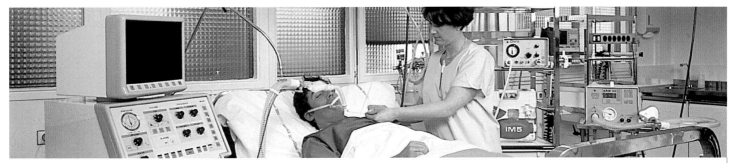

Después de una operación, el enfermo es vigilado hasta que se despierta.

luego se coloca unos guantes muy finos. También se adoptan medidas asépticas con respecto al paciente.

Por otra parte, antes de que comience la operación, al enfermo se le aplica anestesia local o anestesia general. Durante la operación, el anestesista controla el ritmo cardíaco y la respiración del paciente, el cual es vigilado hasta que se despierta.

El trasplante de órganos

Cuando un **órgano** funciona mal o un **tejido** ha sido dañado, puede ser reemplazado. Para ello es necesario practicar un trasplante o un injerto.

Mediante estas intervenciones, es posible reemplazar un riñón, una parte de piel e incluso el corazón. Al nuevo órgano o tejido se le denomina injerto. El injerto puede provenir del mismo paciente, como es común en el caso de la piel, los nervios o los vasos sanguíneos. También se pueden utilizar los de otra persona, generalmente de alguien que acaba de morir. En ese caso, el enfermo debe esperar a veces mucho tiempo antes de poder recibir el trasplante.

Los trasplantes de órganos (riñones, hígado, corazón, pulmones) son más complejos, ya que el cirujano conecta los vasos del paciente a los del órgano trasplantado, lo que no ocurre en los injertos simples de tejido.

La rehabilitación

Después de una operación, puede ser necesario seguir un programa de rehabilitación para recuperar el funcionamiento normal de una extremidad o una función del cuerpo.

El programa es establecido por médicos y fisioterapeutas que disponen de muchas técnicas de recuperación. Dependiendo del tipo de operación efectuada y de la extremidad involucrada, el fisioterapeuta puede hacer masajes, o bien lo que es más habitual, enseñar al paciente ejercicios físicos para ayudarlo a recuperar el uso normal de su cuerpo, como en la fotografía.
Los ejercicios se adaptan a cada caso y deben realizarse periódicamente y con prudencia.
La rehabilitación puede hacerse en el hospital, en casa o en el centro de trabajo del fisioterapeuta.
Su duración depende de la naturaleza de la operación.

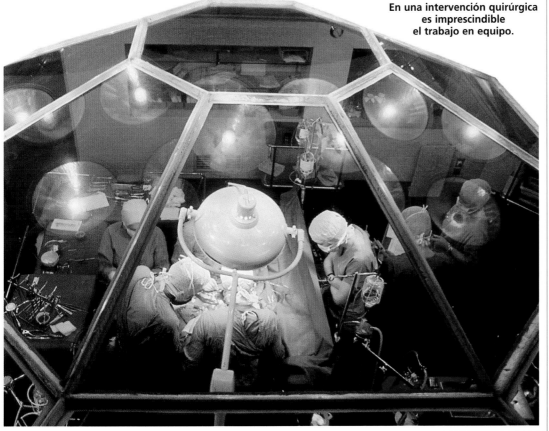

En una intervención quirúrgica es imprescindible el trabajo en equipo.

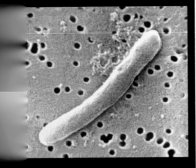

Existen miles de enfermedades que se agrupan en grandes categorías según las causas que las provocan, los órganos que afectan, la manera como evolucionan, los tratamientos que permiten curarlas...

Las enfermedades

No siempre es fácil identificar las enfermedades. Para reconocerlas y curarlas, los médicos las clasifican por categorías, como las enfermedades infecciosas, las enfermedades cancerosas, las enfermedades genéticas, las que afectan al corazón y los vasos sanguíneos, así como las alergias e intoxicaciones. Las enfermedades más frecuentes son las infecciosas.

Las enfermedades infecciosas

Todas las enfermedades causadas por **microorganismos** («microbios» o «gérmenes») –seres vivos tan pequeños que sólo pueden ser vistos a través de un microscopio– son enfermedades infecciosas. En algunos casos, estas enfermedades se pueden transmitir de una persona a otra. De esta manera, la gripe, el sida y la tuberculosis son contagiosas, a pesar de ser enfermedades muy distintas. Los gérmenes que transmiten las enfermedades infecciosas pueden ser bacterias, parásitos o virus.

Las bacterias

Las bacterias son microbios formados por una sola célula, que penetran en el cuerpo –a través de la saliva o de una herida– y se desarrollan en él. Las bacterias tienen diferentes nombres según su forma: las redondas se llaman

Médico durante una epidemia causada por el virus Ébola.

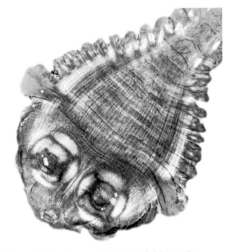

Cabeza de tenia, un parásito del intestino.

«cocos» (como los neumococos que provocan la neumonía), las alargadas son los bacilos y las de forma espiral, las espiroquetas. Gracias al descubrimiento de los **antibióticos** hacia el año 1930, fue posible tratar y curar las enfermedades bacterianas. Además, las **vacunas** juegan un papel importante en la prevención de estas enfermedades. Su eficacia puede ser total o parcial, como en el caso de la tuberculosis.

La tuberculosis es una enfermedad grave provocada por el bacilo de Koch, que afecta, sobre todo, a los pulmones. Desde 1906 existe una vacuna, la BCG, que permite evitar las formas graves de esta dolencia. Por este motivo, en muchos países se vacuna a los niños al nacer o antes de comenzar a ir a la escuela. La BCG deja una pequeña cicatriz en el lugar donde se aplicó.

Los parásitos

Los parásitos son seres vivos, animales o vegetales, que habitan en el interior de otro ser vivo o sobre éste, del cual se alimentan. Los gusanos y las pulgas son parásitos. Las tenias, por ejemplo, son gusanos que invaden

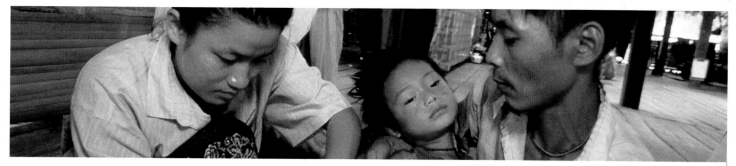

Niño enfermo de paludismo en Tailandia.

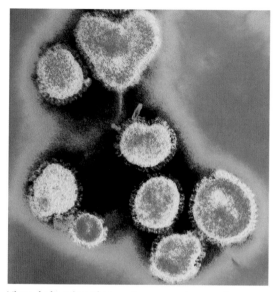

Virus de la gripe observado en un microscopio electrónico.

el intestino. Las enfermedades infecciosas, provocadas por parásitos, pueden ser transmitidas por un insecto (mosca, mosquito), a través de los alimentos (agua, carne) o directamente a través de la piel. El paludismo (malaria) es causado por un parásito, el plasmodio, y se transmite por la picadura del mosquito anofeles. El paludismo provoca fiebre muy alta y ataca entre 300 y 500 millones de personas cada año en el mundo, principalmente en los países tropicales. Existen medicamentos para prevenirlo y, aunque se ha desarrollado una vacuna bastante efectiva, persisten las dificultades y continúan los experimentos.

Los virus

Son los organismos más pequeños que se conocen y son los responsables de las enfermedades víricas. Los virus infectan el cuerpo invadiendo las **células** sanas, cuyas funciones habituales se alteran y comienzan a producir nuevos virus. Los virus son

responsables de trastornos como la fiebre y la diarrea, y de muchas enfermedades, como la rubéola, viruela, meningitis, sida, etc. Para algunas de ellas existen vacunas. Gracias a la vacuna de la viruela, por ejemplo, esta enfermedad que en el siglo XIX seguía causando estragos, fue erradicada casi por completo. Sin embargo, aparecen nuevos virus, contra los cuales los médicos aún no tienen solución. Es el caso del virus Ébola, que causó numerosas muertes en la República Democrática del Congo (Zaire) en 1995.

El sida en la actualidad

El sida es provocado por el VIH: virus de inmunodeficiencia humana, que invade los glóbulos blancos, cuya función es combatir las infecciones. El cuerpo se vuelve débil, deja de luchar contra los microbios y muere. En la actualidad, se registran más de 34 millones de personas seropositivas, es decir, portadoras del virus del sida. Se trata de una grave **epidemia**, por lo tanto se deben tomar todas las precauciones necesarias para evitar la contaminación (ver a la derecha). Médicos de todo el mundo estudian tratamientos para combatir este virus.

La transmisión del sida

El virus del sida, el VIH, penetra en el cuerpo a través de la sangre o por las secreciones producidas durante las relaciones sexuales. Para evitar el contagio, no se deben utilizar jeringuillas usadas y, en las relaciones sexuales, los médicos recomiendan protegerse usando preservativo. Estas precauciones permiten vivir sin peligro con las personas afectadas por este virus, como se aprecia en la fotografía. Existen exámenes que detectan si una persona es portadora del virus del sida.

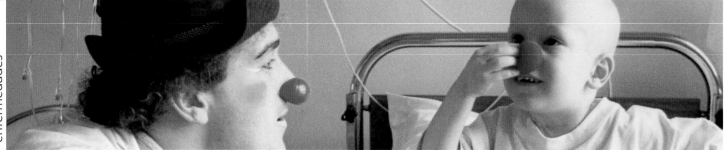

Un payaso anima a un niño en el hospital.

Las enfermedades cancerosas

La radioterapia: un arma contra el cáncer

La radioterapia consiste en destruir las células cancerosas proyectando sobre ellas ciertos rayos.

Esta técnica se desarrolló a principios del siglo xx, gracias al descubrimiento de los rayos X y de los rayos gamma. Con ella, se han logrado grandes avances desde 1950. Estos rayos actúan sobre las células provocando su muerte.
En la radioterapia, el paciente se recuesta y recibe los rayos sobre el órgano afectado por el cáncer (ver foto superior). Para delimitar bien la zona del cuerpo que debe tratarse, el médico traza unas marcas sobre el cuerpo del paciente. Además, calcula la dosis necesaria de rayos. A continuación, con la ayuda de equipos muy complejos, envía rayos sobre el órgano enfermo para sanarlo.
El tratamiento, que incluye varias sesiones de pocos minutos cada una, no es doloroso.

Cuando una persona padece de cáncer, las **células** de una parte de su cuerpo se transforman y multiplican excesivamente. Se trata de una enfermedad muy extendida, que ataca a casi todas las partes del cuerpo. Existen medios para prevenir el cáncer y exámenes para detectar los signos desde su aparición y así curarlo más rápida y eficazmente.

Las células se alteran

Por lo general, una célula se multiplica poco o no se multiplica. Pero después de una alteración, puede suceder que la célula se transforme y se vuelva inmortal, multiplicándose indefinidamente: entonces, es una célula cancerosa. El cáncer, denominado también «tumor maligno», puede afectar a todos los **órganos**.
Su causa es una anomalía de los **genes** de la célula enferma, provocada por un elemento externo. En ocasiones, este elemento es conocido: si uno se expone mucho al Sol durante años, los rayos solares provocan cáncer en la piel; el humo del tabaco provoca cáncer de pulmón, etc. Evitando estos elementos, se previene el cáncer. Los cánceres son tratados, según el caso, con cirugía (se extirpa todo el órgano involucrado o parte de él);

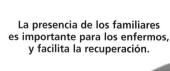

La presencia de los familiares es importante para los enfermos, y facilita la recuperación.

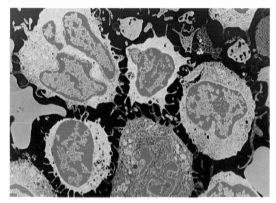

Células cancerosas observadas en el microscopio.

con quimioterapia (el enfermo toma medicamentos), o con radioterapia (ver columna de la izquierda). Contra la leucemia, también se practican trasplantes. Estos tratamientos pueden curar el 80% de los cánceres si se detectan precozmente.

La leucemia: un cáncer de la sangre

La leucemia es un cáncer que afecta a las células sanguíneas. Su curación es posible con un tratamiento especial: el trasplante de médula (al enfermo se le dan células de otras personas).

El enfermo de fibrosis cística usa una máscara para proteger sus bronquios.

Las enfermedades genéticas

Las enfermedades genéticas se deben a una anomalía de los genes. Los genes son las partículas que forman los **cromosomas** contenidos en cada célula.

Los cromosomas gobiernan la célula, lo que explica que una anomalía altere el funcionamiento de ésta y provoque una enfermedad. Además, llevan los caracteres hereditarios, como el color de los ojos. Por ello, las enfermedades genéticas son a menudo hereditarias, es decir que se transmiten de padres a hijos.

Cerca de 5 000 enfermedades genéticas conocidas

En la actualidad, se conocen alrededor de 5 000 enfermedades genéticas, clasificadas según la forma en que se transmiten y los órganos y funciones del cuerpo que dañan. Las enfermedades genéticas pueden ser de mayor o menor gravedad. La fibrosis quística es una enfermedad hereditaria, bastante grave, que afecta los intestinos, el páncreas y los bronquios.

En la actualidad, se puede tratar mejor que en el pasado.

La miopatía

Bajo este término se agrupan las enfermedades genéticas que afectan a los músculos. La más frecuente es la miopatía de Duchenne, una enfermedad hereditaria que afecta exclusivamente a los hombres. Se manifiesta hacia los dos años de vida, poco después de que los niños empiezan a caminar. Los músculos se vuelven cada vez más débiles y se deforman. Cerca de los doce años, el niño no puede seguir caminando. Numerosos cuidados permiten aliviar y facilitar la vida a los niños que padecen de miopatía, y los médicos continúan buscando nuevos tratamientos todavía más eficaces.

Las esperanzas de la investigación

Desde la década de 1970, la investigación de las enfermedades genéticas ha progresado considerablemente. Se ha estudiado el interior de las células, permitiendo conocer con detalle el denominado genoma humano, es decir, los 100 000 genes que contienen los cromosomas de cada célula del cuerpo. Se espera que en un futuro relativamente cercano, se puedan curar algunas de estas enfermedades.

Se han diseñado sillas de ruedas para los niños con miopatía que no pueden caminar.

La trisomía 21

Esta alteración genética, denominada también mongolismo, es provocada por la presencia de un

**cromosoma de más.
Los niños con trisomía tienen retraso mental y tienen un aspecto físico especial. Cuando nacen, la mayoría tiene los ojos muy separados, la cabeza ancha y plana y la cara redonda. Algunos padecen malformaciones. El retraso mental puede ser más o menos importante. No existe tratamiento para estas deficiencias, pero la ayuda hacia quienes lo sufren y sus familias es fundamental para permitirles lograr una buena calidad de vida. Los niños afectados de trisomía pueden ir al colegio y jugar con otros niños. Algunos, como los de la fotografía superior, aprenden a leer y escribir. Esta enfermedad afecta a uno de cada 650 niños.**

El médico observa las arterias de un paciente en una pantalla.

Las enfermedades del corazón y de los vasos

El corazón artificial

En algunos casos, a la espera de un trasplante de corazón, se coloca un corazón artificial. El corazón artificial está formado, como en la fotografía, por dos bolsas de plástico. Reemplaza a los dos ventrículos y cumple la función de una bomba. Es activado por un motor que se encuentra cerca del enfermo y conectado a él. Por consiguiente, sus desplazamientos son muy limitados.

El estimulador cardíaco

Esta radiografía muestra, a la izquierda, un estimulador cardíaco, un pequeño aparato que activa el músculo del corazón (miocardio) cuando deja de latir regularmente.

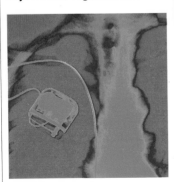

El corazón es la bomba de nuestro cuerpo, y gracias a él la sangre circula por los vasos sanguíneos (ver págs. 38 y 39). A veces, el corazón se agota; late irregularmente, porque se infecta con un microbio o porque los vasos se endurecen y estrechan. Todos estos defectos se conocen como enfermedades cardíacas o de los vasos, y se denominan enfermedades cardiovasculares. Algunas se presentan, incluso, desde antes de nacer: son las enfermedades congénitas.

Vasos sanguíneos muy rígidos

Existen dos tipos de vasos por los que circula la sangre: las arterias, vasos que salen del corazón, y las venas, que llegan al corazón. La arteriosclerosis es una enfermedad que afecta a arterias como la aorta, a las arterias coronarias (que irrigan el corazón)

y a las arterias cerebrales (ver págs. 38 y 39). Las arterias son como tubos que, para cumplir bien su función, deben ser flexibles. En ocasiones, se depositan placas de grasa en el interior de las arterias y provocan un endurecimiento de las paredes: esto es la arteriosclerosis. Cuando los depósitos son importantes, las arterias se vuelven rígidas y pueden obstruirse, lo que impide que la sangre circule normalmente.

La arteriosclerosis puede ser hereditaria, o bien estar causada por la vejez o por una enfermedad (diabetes, por ejemplo), e incluso por un estilo de vida poco saludable. Para prevenir esta enfermedad, es importante mantener una vida sana, es decir, practicar ejercicio de forma moderada, alimentarse bien (no abusar del azúcar ni de las grasas animales) y abstenerse de fumar.

El desfibrilador provoca un pequeño shock para regularizar los latidos del corazón.

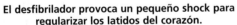

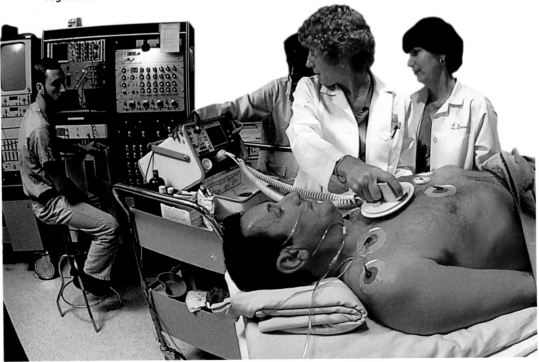

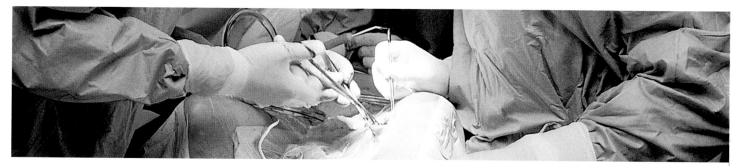

El corazón se opera como las otras partes del cuerpo.

sanguíneos

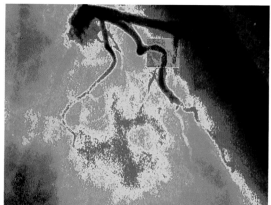

La arteria coronaria está obstruida (cuadrado azul a la derecha): se produce un infarto de miocardio.

Monitorización del ritmo cardíaco durante una operación.

La prueba de esfuerzo

La prueba de esfuerzo es un examen médico que permite estudiar la reacción del corazón ante un esfuerzo físico.

La persona que se somete a esta prueba debe realizar un esfuerzo muy intenso (y controlado) en una bicicleta o una cinta de correr, como en esta fotografía.

Se registra el ritmo cardíaco y la presión arterial, a intervalos constantes. Además, se efectúa un electrocardiograma, una prueba que permite medir la resistencia al esfuerzo, detectar una enfermedad del corazón y seguir su evolución.

La arteriosclerosis puede provocar, por ejemplo, una enfermedad del cerebro o del corazón.

El infarto de miocardio

El miocardio es el tejido muscular que forma la pared del corazón. La contracción del miocardio permite la circulación de la sangre. El infarto de miocardio se presenta cuando una arteria coronaria, que irriga el corazón, es obstruida por la arteriosclerosis. En el lugar en que se obstruye la arteria, el miocardio no recibe sangre ni oxígeno, y muere. La gravedad de un infarto depende de la región donde se produce y de su magnitud. En su forma más leve, se manifiesta por un dolor muy fuerte en el pecho, que se propaga hacia la mandíbula, los brazos y la espalda. Este dolor puede durar varias horas y va acompañado de agitación, sudor, náuseas o vómitos.

Cuando una persona tiene dolores que podrían corresponder a un infarto, debe trasladarse urgentemente al hospital. En ocasiones, es necesario iniciar el tratamiento de inmediato en el domicilio del enfermo. El infarto de miocardio es una de las principales causas de mortalidad en los países desarrollados. Afecta sobre todo a los hombres próximos a los 60 años. La mejor manera de prevenirlo, al igual que la arteriosclerosis, es llevar una vida sana.

Las enfermedades congénitas

A veces, el desarrollo de un bebé en el vientre de su madre (ver págs. 10 y 11) no se realiza normalmente y nace con una malformación cardíaca. Esto puede deberse a una enfermedad congénita, como la trisomía 21 (ver pág. 75), o a una enfermedad infecciosa contraída por la madre durante el embarazo, como la rubéola. Por lo general, se desconocen las causas de estas malformaciones. Las más frecuentes se caracterizan por la presencia de un orificio entre las aurículas o los ventrículos, por el cual la sangre circula cuando no debería hacerlo. Si el orificio es pequeño, se puede cerrar solo. De no ser así, existe la posibilidad de operar estas malformaciones en la infancia, para evitar cualquier complicación.

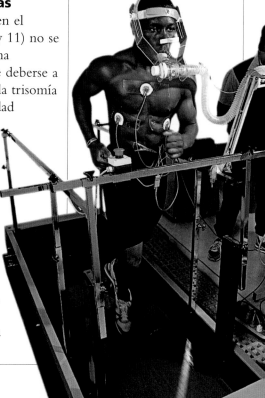

El polvo de las casas contiene ácaros (en la imagen, observados en el microscopio electrónico).

Las alergias y las intoxicaciones

El tratamiento de desensibilización

**Para ayudar a una persona alérgica a soportar mejor la sustancia que le hace enfermar, primero se le inyectan, como en esta fotografía, pequeñas cantidades de esa sustancia y luego, progresivamente, se elevan las dosis. De este modo, el enfermo logra desarrollar una tolerancia a la sustancia que lo afecta.
Los alergenos más comunes están contenidos en el polen, en los ácaros (pequeños animales microscópicos que se encuentran en las camas, las alfombras y los sillones), en las plumas de las almohadas y colchones de pluma, y en los pelos y la saliva de los animales domésticos.
Muchas alergias son provocadas también por alimentos como la leche y el chocolate, por medicamentos e incluso por picaduras de insectos como las abejas.**

Las alergias y las intoxicaciones son provocadas por la absorción de sustancias extrañas al organismo.

¿A qué se debe una alergia?

La alergia es una reacción exagerada del organismo ante la presencia de determinadas sustancias que se depositan en la piel, entran en el sistema digestivo a través de los alimentos o penetran en los bronquios con el aire que respiramos. Por lo general, las sustancias químicas extrañas son destruidas o eliminadas, pero en algunas personas, desencadenan una alergia: se las denomina alergenos.

Las diferentes alergias

Existen muchas formas de alergias, provocadas por diferentes sustancias que se encuentran en el polen de las flores, el polvo doméstico, los pelos de los animales y en muchos otros elementos. Para

En esta cápsula llena de oxígeno, un niño intoxicado con gas respira con más facilidad.

saber qué tipo de alergia se padece, se deben realizar diferentes pruebas.
Para que se desarrolle una alergia, es necesario que el organismo haya estado en contacto una vez con el alergeno. El sistema inmunitario (de defensa) (ver págs. 40 y 41) archiva esa sustancia en su memoria y, después de un nuevo contacto, se desencadenan los trastornos, que son varios. Pueden afectar la piel (eccema), la nariz (rinitis), el intestino (diarrea), los bronquios (asma), etc.
La herencia juega un papel importante en las alergias. El mejor tratamiento contra ellas consiste en evitar el contacto con el alergeno. También existen tratamientos de desensibilización (ver a la izquierda).

El asma

El asma es una enfermedad respiratoria frecuente provocada por alergenos que atacan los bronquios. Se manifiesta por crisis en las que el enfermo experimenta dificultad para respirar. Las crisis se pueden detener con medicamentos. Otros remedios impiden que las crisis se repitan.

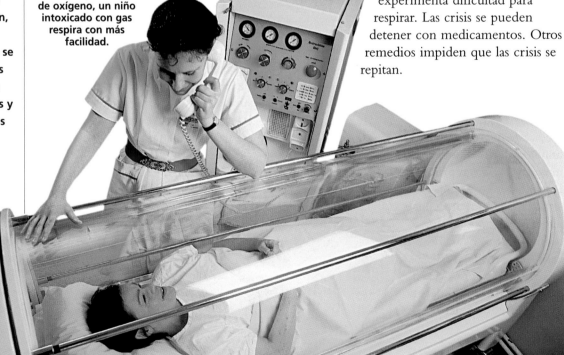

Niños con máscaras contra la contaminación ambiental.

Venta clandestina de drogas.

¿Cómo nos podemos intoxicar?

Una intoxicación puede ser producida por medicamentos, hongos, alimentos mal cocidos o mal conservados, por gas, drogas, etc. Ocasiona trastornos que pueden incluso provocar la muerte.

Las diferentes intoxicaciones

Existen dos tipos de intoxicaciones: las agudas, que se presentan inmediatamente después de absorber una sustancia tóxica, y las crónicas, que son consecuencia de un contacto prolongado con una sustancia menos nociva. Las intoxicaciones agudas son las más frecuentes. Los medicamentos, los productos de limpieza (lejía, detergentes) y los insecticidas son las primeras causas. Las intoxicaciones con gas también son muy frecuentes y pueden ser mortales. En todos los casos hay que llamar urgentemente al médico. Todos los productos peligrosos deben mantenerse fuera del alcance de los niños.

El tabaco y el alcohol

El consumo de tabaco y alcohol es normal y está autorizado por ley. Sin embargo, ambos contienen sustancias peligrosas para el organismo.
Al igual que las drogas, crean, en ocasiones, dependencia y pueden provocar enfermedades como el cáncer de pulmón y el cáncer de hígado.

Las drogas

Algunas personas consumen habitualmente drogas y desarrollan una toxicomanía. Las drogas denominadas «duras», como la heroína, la cocaína, el crack, etc., tienen los mismos efectos que una intoxicación. Además, provocan dependencia: el drogadicto siente necesidad de consumir esas drogas, y cuando se le priva de ellas, experimenta fuertes dolores y una gran angustia.

Colocación de un parche antitabaco para dejar de fumar.

Ayudar a los drogadictos

Las drogas crean dependencia y provocan numerosos males: trastornos nerviosos, digestivos o cardíacos y diversas infecciones.
Además, alteran la capacidad mental, lo que puede traducirse en alucinaciones y en un comportamiento agresivo. Para curarse, los drogadictos necesitan ayuda. En primer lugar, deben abstenerse, es decir, suspender el consumo de droga. La abstinencia es a veces difícil y se realiza en hospitales debido a los trastornos que produce la privación. Una vez concluida la etapa de abstinencia, los drogadictos necesitan ayuda para no reincidir.
Existen centros de atención que proponen a los drogadictos encuentros, discusiones y actividades que les permitan volver poco a poco a una vida normal.

El ser humano no sólo es vulnerable físicamente. Algunos trastornos afectan también la mente o el cerebro, y pueden curarse gracias a la psicología, el psicoanálisis o la psiquiatría.

El cuidado de la mente

angustia: estado de desasosiego, de inquietud profunda.

diagnóstico: identificación de una enfermedad.

inconsciente: estado o proceso mental del que la persona no tiene conciencia.

inteligencia: capacidad para aprender, comprender y razonar.

personalidad: conjunto de características de una persona, que la hacen única.

psicoanálisis: método para curar enfermedades de la mente mediante el análisis de los pensamientos inconscientes.

psicoanalista: persona que se dedica al psicoanálisis.

psicólogo: especialista en psicología, dotado para comprender el comportamiento de las personas.

psicoterapia: tratamiento que puede adoptar distintas formas y está destinado a superar trastornos de la vida psíquica.

psiquiatra: médico especializado en enfermedades mentales.

psiquiatría: rama de la medicina que se ocupa de las enfermedades mentales.

psiquismo: conjunto de caracteres psíquicos (emociones, deseos, inteligencia) de una persona determinada.

La salud mental se basa en el equilibrio de varios elementos (deseos, estado de ánimo, emociones, inteligencia, capacidad creativa) que constituyen el **psiquismo** de una persona. Cuando uno de estos elementos se ve afectado, el equilibrio se rompe y se produce un trastorno mental.

Cuando la mente enferma

Los trastornos y las enfermedades mentales adquieren formas diferentes y pueden ser de mayor o menor gravedad. Por ejemplo, cuando resulta difícil concentrarse durante largo rato en el colegio, cuando se está constantemente inquieto o no se logra dormir (insomnio), se ha alterado el equilibrio psicológico. En los países desarrollados, el acelerado ritmo de vida es, a menudo, el responsable de estos trastornos, que, por otra

Niños realizando tests de inteligencia.

parte, suelen causar enfermedades físicas (úlcera, asma). Se trata, entonces, de enfermedades psicosomáticas, es decir, enfermedades que afectan al cuerpo, pero son provocadas por un trastorno mental o psíquico.

Si se experimenta una gran tristeza, se tiene una baja autoestima o si la persona se siente muy decaída, puede tratarse de una depresión.

Los miedos irrazonables (fobias), como el miedo a la gente, a quedar encerrado, o incluso el estar constantemente preocupado por una misma idea (obsesión), pueden ser signos de neurosis. Algunas personas creen firmemente en cosas extrañas e inexistentes (delirio): sufren de psicosis, una enfermedad mental que puede alterar su vida social y su relación con los demás. Por último, existen enfermedades mentales, las demencias, que se caracterizan por una pérdida de la capacidad para entender el lenguaje, hablar y orientarse en el espacio.

Por lo general, los trastornos mentales son benignos y basta con consultar a un especialista (ver págs. 66 y 67). Pero en ocasiones, y según la gravedad, se puede consultar a un **psicólogo**, **psicoanalista** o a un **psiquiatra**.

La tristeza es, a veces, señal de depresión.

La angustia intensa es, en ocasiones, un trastorno mental.

Test psicológico que emplea formas y colores.

La psicología

La psicología es la ciencia que estudia la actividad psíquica e intenta comprender el comportamiento de las personas.
Los psicólogos efectúan experimentos en laboratorio y disponen de diferentes métodos de observación que les permiten comprender qué impulsa a una persona a actuar de una manera determinada.

Al igual que los médicos, los psicólogos también pueden especializarse en diferentes campos. Los psicólogos escolares, por ejemplo, ayudan a los niños con problemas en el colegio. Conocen bien las etapas del desarrollo afectivo (sentimientos, emociones) e intelectual (**inteligencia**, capacidad de aprender) de los niños y los ayudan a estudiar mejor, a integrarse a un grupo o a elegir una orientación profesional.
El psicólogo habla con la persona e intenta comprender sus necesidades. También utiliza tests destinados a estudiar sus reacciones, con el fin de conocerla y aconsejarla mejor.
Los tests de inteligencia consisten generalmente en ordenar imágenes y ensamblar figuras geométricas.
Existen también los tests de **personalidad**; el más conocido es el de Rorschach, que intenta definir la personalidad a partir de las reacciones frente a ciertos dibujos.

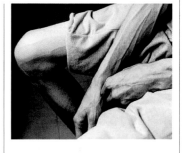

La anorexia nerviosa

La anorexia nerviosa es una enfermedad psíquica bastante grave, que se caracteriza por el rechazo a los alimentos. Generalmente se presenta durante la adolescencia y afecta, sobre todo, a las mujeres jóvenes. Esta enfermedad presenta tres síntomas importantes: rechazo a los alimentos (sin pérdida del apetito), grave pérdida de peso y la ausencia de menstruación (ver pág. 16). Una persona anoréxica es, por lo general, inteligente y activa, con una vida social normal, pero su obsesión por el peso la puede inducir a provocarse vómitos y a ingerir medicamentos para no engordar. Es una enfermedad peligrosa para la salud, que a menudo está asociada a un conflicto afectivo familiar o a un conflicto profesional. La curación requiere un seguimiento por parte de un equipo de especialistas (psicólogo, psiquiatra, nutricionista).

El niño describe al psicólogo lo que representan para él los dibujos formados por manchas de tinta.

Un paciente, recostado en un diván, habla con el psicoanalista.

El psicoanálisis

El autismo infantil

El autismo es una enfermedad mental que aparece en el primer año de vida. Los autistas carecen de interés por las personas y objetos que lo rodean. Rechazan todo contacto, se resisten a ser tocados y, habitualmente, hablan con dificultad. Los médicos no conocen exactamente las causas de la enfermedad: ¿Se trata acaso de una reacción de defensa contra algunas emociones o de una enfermedad del sistema nervioso?

En la actualidad, existen tratamientos que mejoran la calidad de vida del niño autista y de su familia.

El inconsciente y los sueños

A fines del siglo XIX, Sigmund Freud, un **psiquiatra** austríaco, se interesó especialmente en el sistema nervioso y en los trastornos mentales. Mientras estudiaba los sueños de sus pacientes, Freud observó que todo ser humano tiene deseos, preocupaciones y **angustias** experimentadas durante la infancia y que nunca ha podido expresar. Estos deseos pueden permanecer «ocultos» en el **inconsciente**, es decir, formar parte de la vida interior de una persona sin que ésta se dé cuenta. Más tarde, estos deseos buscan expresarse sin lograrlo y pueden provocar trastornos de mayor o menor gravedad, como vértigos, miedos o dificultades para relacionarse con las demás personas, entre otros.

Sigmund Freud fue el primero en estudiar los sueños de manera rigurosa. A partir de sus observaciones, elaboró una forma de curar a las personas que sufrían trastornos psíquicos, consistente en ayudarlos a relatar y a captar el sentido de sus sueños y recuerdos: esto es el **psicoanálisis**. El psicoanálisis puede curar, permitiendo a una persona comprender qué ocurre en su inconsciente, pero también le sirve para conocerse mejor, aunque no esté enferma. La teoría del inconsciente de Sigmund Freud revolucionó radicalmente el enfoque de los trastornos psíquicos durante el siglo XX.

El papel del psicoanalista

Para ser psicoanalista, es necesario haberse hecho un psicoanálisis. Gracias a ello, el psicoanalista puede acompañar a otras personas a lo largo de su tratamiento.

Sigmund Freud, fundador del psicoanálisis.

Un psicoanálisis se desarrolla en sesiones que obedecen reglas muy precisas. Por ejemplo, el enfermo, o paciente, se recuesta sobre un diván en posición de descanso. El psicoanalista se sitúa detrás de él o de manera que no se le pueda ver. El paciente le habla, le cuenta sus recuerdos, impresiones y sueños tal como le vienen a la mente revelando así sus pensamientos inconscientes. El psicoanalista lo escucha atentamente. Entre ambos se establece una relación de confianza que permite que desaparezcan, paulatinamente, los antiguos conflictos emocionales que hacían sufrir al paciente. Este tratamiento puede durar varios años, con dos o tres sesiones por semana de 45 minutos. Los psicoanalistas también tratan a los niños. En ese caso, el niño se expresa libremente a través de juegos y dibujos. Los psicoanalistas pueden ejercer sólo esta especialidad o ser, además, psicólogos o médicos psiquiatras.

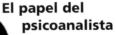

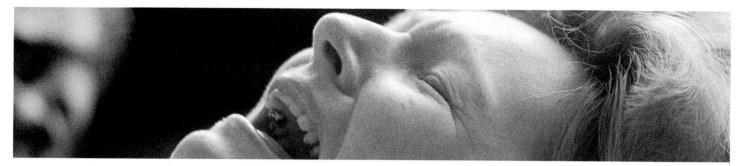

La psiquiatría cura los trastornos causados por las enfermedades mentales.

La psiquiatría

La medicina y las enfermedades mentales

Desde hace mucho tiempo el hombre conoce la existencia de los trastornos mentales. Ya en la antigüedad, los médicos, como Hipócrates, buscaban comprenderlos mejor. Pero hubo que esperar mucho tiempo para que se desarrollara un verdadero conocimiento de las enfermedades mentales. Durante siglos, los «locos» fueron considerados seres poseídos por el demonio o hechiceros. A veces, se les encerraba e, incluso, se les inmovilizaba para evitar que se hicieran daño a ellos mismos o a los demás.

El término de estas prácticas violentas y la creación de los «asilos» (antiguos hospitales psiquiátricos) se deben al médico Philippe Pinel durante el siglo XVIII (ver pág. 91). En nuestros días, la psiquiatría es una disciplina médica, de pleno derecho, que cura enfermedades mentales y trastornos psíquicos menos graves. Algunas enfermedades mentales causadas por un defecto del sistema nervioso necesitan, además de la psiquiatría, de otra rama de la medicina, especializada en el estudio del sistema nervioso: la neurología.

El psiquiatra y su función

El psiquiatra es un médico especializado en el estudio y tratamiento de las enfermedades mentales. Su trabajo consiste en hablar con el paciente, conocer los trastornos que lo aquejan y estudiar su pasado, su familia y el medio en que vive. Esto le ayuda a comprender sus reacciones, a identificar la enfermedad y a sugerirle un tratamiento adecuado. De ser necesario, puede utilizar tests psicológicos y exámenes médicos para establecer un **diagnóstico**. El tratamiento puede consistir en la toma de medicamentos (contra la angustia,

depresión) o en sesiones de **psicoterapia,** donde el paciente habla de sus problemas y el médico le da explicaciones y consejos. Existen numerosos métodos de psicoterapia: sesiones de psicoanálisis (ver pág. 82), expresiones artísticas (musicales o teatrales), terapias de grupo (por ejemplo, una familia), etc. En algunos casos, poco frecuentes actualmente, algunos tratamientos requieren hospitalización.

El estado de demencia se caracteriza por una disminución de la inteligencia.

La esquizofrenia

La esquizofrenia es una enfermedad mental, una psicosis en la que el enfermo pierde el contacto con la realidad y sufre trastornos que le impiden reaccionar y que lo aíslan del mundo exterior y de las demás personas. El enfermo esquizofrénico puede recuperar cierto equilibrio e incluso curarse, gracias a la ayuda del psiquiatra, que le trata con los medicamentos apropiados, le infunde confianza y le permite, dejando que se exprese libremente, retomar el contacto con la realidad. La esquizofrenia es una afección del adulto joven.

El tratamiento de las enfermedades progresó mucho durante el siglo xx. Pero la mejor forma de combatirlas sigue siendo la prevención, basada en un control médico regular y en una buena higiene.

La prevención

◐ **adolescencia:** período de la vida entre la infancia y la edad adulta.

◐ **crecimiento:** es el hecho de crecer. Hay dos períodos de crecimiento rápido: la lactancia y el principio de la adolescencia.

◐ **ecografía:** examen médico efectuado con la ayuda de un aparato de ultrasonido que permite observar, en una pantalla, al feto en el vientre de la madre.

◐ **epidemia:** transmisión rápida de una enfermedad contagiosa a un gran número de personas a la vez.

◐ **feto:** nombre del futuro bebé desde el tercer mes (novena semana).

◐ **higiene:** conjunto de cuidados del cuerpo o reglas que permiten preservar la salud pública.

◐ **infancia:** el primer período de la vida de un ser humano, que va desde el nacimiento hasta la adolescencia.

◐ **vacuna:** medicamento que contiene un microbio debilitado, que se introduce en el interior del cuerpo de la persona para protegerla de la enfermedad causada por ese microbio.

La prevención es todo aquello que se puede hacer para mantener la salud y el bienestar físico y psicológico. Prevenir las enfermedades es evitar que se desarrollen y que se propaguen a través del mundo provocando **epidemias**. La prevención se basa en una buena **higiene** personal, un control médico regular, etc., pero también en la vacunación de la población y en una eficaz higiene colectiva (por ejemplo, la evacuación y tratamiento de las aguas residuales). Cuando ésta es defectuosa, lo que suele ocurrir en los países más pobres, se pueden transmitir muchas enfermedades infecciosas (ver págs. 72 y 73).

Una buena higiene personal protege de los microbios.

El mantenimiento del cuerpo

Para conservar la salud, es primordial mantener una buena higiene, una alimentación equilibrada y practicar con regularidad algún ejercicio. En los países desarrollados, el hombre sufre por exceso: come mucha carne, mucha grasa y dulces (azúcares simples), que originan problemas de peso (obesidad) y enfermedades del corazón. Asimismo, disminuye su capacidad física, ya que usa demasiado el automóvil u otros transportes y no hace suficiente ejercicio. Este estilo de vida, sumado al estrés cotidiano, a la contaminación y al consumo de tabaco, es responsable de numerosas enfermedades cardíacas, también de los cánceres de pulmón.

Para prevenir estas enfermedades, hay que cambiar de hábitos: comer de manera más sana (legumbres, ensaladas, frutas, productos lácteos), hacer ejercicio regularmente, abstenerse de fumar, de beber alcohol o demasiado café y té, y dormir bien.

Un control médico regular

Visitar al médico una vez al año permite descubrir problemas de salud que nos pueden pasar desapercibidos y curarlos con un tratamiento adecuado. El examen médico detecta problemas de **crecimiento** durante la **infancia** y la **adolescencia**. Una visita regular al dentista, por ejemplo, evita la formación de caries y de otras enfermedades de la boca. Los médicos disponen también de una serie de exámenes complementarios (ver pág. 68) que permiten detectar una enfermedad y proceder rápidamente a su tratamiento. El cáncer de mama es un cáncer que se cura si se trata desde el comienzo de la enfermedad y se puede prevenir con radiografías periódicas, llamadas mamografías.

Ejercicios de tai-chi en China.

Como método preventivo, las futuras madres se hacen varias **ecografías** durante el embarazo. Esto permite obtener información sobre el desarrollo del **feto** y disminuir los riesgos de posibles complicaciones en el momento de dar a luz.

Prevenir a través de las vacunas

Hoy en día, las **vacunas** son el medio más eficaz para combatir las enfermedades infecciosas, como el sarampión, la rubéola o la tuberculosis. Es una forma de prevención que se practica en todo el mundo. Algunas vacunas son obligatorias y otras sólo se recomiendan. De esta forma, los niños de numerosos países son protegidos contra la tuberculosis, ya que reciben, cuando son pequeños, la BCG.

La difteria, el tétanos, la tos ferina y la poliomielitis también se pueden prevenir gracias a una única vacuna: la vacuna triple bacteriana o DTP. La eficacia de las vacunas es notable (100% para la vacuna antitetánica), pero la vacunación sólo es eficaz si se aplica a grandes grupos de población. Como las vacunas son caras, los países más pobres y subdesarrollados no siempre cuentan con los medios para vacunar a toda la población. Afortunadamente existen organismos internacionales que tienen como objetivo mejorar la salud en el mundo y prevenir las epidemias. Con frecuencia, realizan campañas de vacunación en las cuales se vacuna simultáneamente a un gran número de personas.

Prevenir los accidentes

Los riesgos de accidente son muchos (en la calle, en el colegio, en la casa), pero es posible evitar la mayoría de ellos. Para prevenir los accidentes automovilísticos, se deben respetar las normas de circulación. También se pueden disminuir las consecuencias, mejorando la fabricación de los automóviles. Por medio de pruebas realizadas con maniquíes (fotografgía de arriba), se miden los efectos de los accidentes en el cuerpo humano.

En casa, la prudencia más elemental consiste en no jugar con cerillas (para evitar incendios), no llevarse a la boca medicamentos o productos químicos (para evitar intoxicaciones), e incluso no acercarse a una cacerola con agua hirviendo (para evitar quemaduras), y por supuesto, vigilar de cerca a los bebés.

Una campaña de vacunación permite proteger a toda la población.

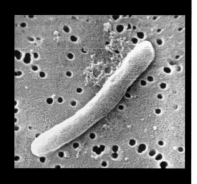

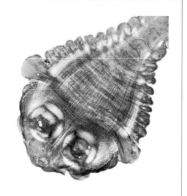
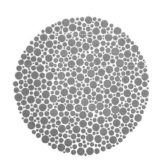

La salud en el mundo

◑ **FAO** (Food and Agriculture Organization/Organización de las Naciones Unidas para la Alimentación y la Agricultura). Esta organización, creada en 1945, y asociada a las Naciones Unidas, combate el hambre en el mundo contribuyendo al avance de la agricultura. Envía expertos para estudiar las necesidades de los países y desarrollar, sobre el terreno, la educación agrícola.

◑ **OMS** (Organización Mundial de la Salud). Fue creada en 1948 y está asociada a las Naciones Unidas. El objetivo de la OMS es promover el desarrollo sanitario y la lucha contra la enfermedad en todo el mundo. Realiza grandes campañas de vacunación (sobre todo en países en vías de desarrollo).

◑ **UNICEF** (United Nations Children's Emergency Fund/Fondo Internacional de las Naciones Unidas para la Infancia). Este organismo de las Naciones Unidas fue creado en 1946 para promover la ayuda a la infancia en los países del tercer mundo en los ámbitos de la salud y la educación. Se financia con aportaciones de los gobiernos y también privadas.

El virus de la gripe provoca epidemias mundiales

El virus de la gripe puede ser temible. En 1918 provocó una epidemia que causó la muerte de 20 millones de personas en el mundo, más que la primera guerra mundial. Hoy en día, la gripe está controlada, pero aún está muy extendida. Existe una vacuna (que se recomienda a las personas mayores y a las que padecen determinadas enfermedades), pero hay que renovarla cada año ya que el virus cambia constantemente.

Aparecen nuevos virus y provocan enfermedades desconocidas

Mientras algunas enfermedades desaparecen (la viruela, por ejemplo), otras nuevas surgen sin que sepamos exactamente cómo. Es el caso del sida, que apareció a fines de la década de 1970, y de la fiebre provocada por el virus Ébola, en la República Democrática del Congo (antiguo Zaire), en 1995.

La tuberculosis aumenta en el mundo

En la actualidad, la tuberculosis se ha vuelto cada vez más frecuente en el mundo. Los responsables son la pobreza y la falta de cuidados que padece gran parte de la población mundial. El 95% de los enfermos corresponden a países en vías de desarrollo. Pero la epidemia del sida también contribuye: los enfermos de sida no cuentan con defensas contra los microbios, por lo que están muy expuestos a la tuberculosis.

La enfermedad tropical más extendida

Es el paludismo (o malaria). Esta enfermedad, transmitida por el mosquito anofeles, afecta entre 300 y 500 millones de personas, en su mayoría de los países tropicales.

Número de nacimientos por año en el mundo

En la actualidad, se registran alrededor de 131 millones de nacimientos por año, de los cuales 128 millones corresponden a países en vías de desarrollo y 13 millones a países desarrollados. Las mujeres de los países en desarrollo, que disponen de menos métodos de contracepción, pueden tener hasta seis hijos. En los países desarrollados, las mujeres tienen un promedio de dos hijos.

Los riesgos de muerte debido al embarazo

Se estima que el número de muertes por embarazo es de 600 000 en el mundo cada año. El 99% de estas muertes se produce en países en vías de desarrollo. En cambio, en los países desarrollados son muy poco frecuentes.

Cantidad de médicos por habitante

En los países ricos, existe un médico por cada 500 habitantes; en los países más pobres, la estimación es de uno por cada 10 000.

Las principales causas de mortalidad en los países desarrollados

En los países desarrollados, donde la vacunación es masiva y los equipos sanitarios (para purificar el agua, por ejemplo) hacen posible el mantenimiento de las medidas de higiene, las enfermedades contagiosas ya no constituyen la principal causa de mortalidad. Las que más muertes provocan son las enfermedades del corazón asociadas con el estrés, el consumo de tabaco y alcohol, y una alimentación con exceso de grasa.

Las organizaciones humanitarias

Son muy numerosas. Algunas, como el Comité Internacional de la Cruz Roja, llevan alimentos y medicamentos a las víctimas de guerras y catástrofes. Otras, como Médicos sin Fronteras, Médicos del Mundo, etc., envían médicos voluntarios a las regiones donde los enfermos no cuentan con atención médica. Y otras, como CARE u Oxfam, reúnen dinero para los países más pobres.

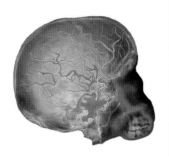
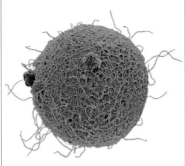

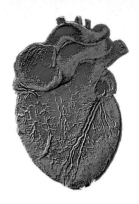

La esperanza de vida

La esperanza de vida indica la edad promedio alcanzada por los habitantes de un país. Es alta si la gente vive mucho, es baja si mueren muchos niños de corta edad.

En el mapa, los países de color amarillo claro son aquellos donde la esperanza de vida es más baja: menos de 55 años. La mayoría está en el continente africano.

En los países pintados de amarillo oscuro, la esperanza de vida se sitúa entre los 55 y los 64 años y están repartidos por todo el mundo: América Latina, norte y sur de África y parte de Asia.

En las zonas de color naranja claro y naranja oscuro la esperanza de vida varía entre los 65 y los 74 años. Es el caso de numerosos países de América Latina, Europa oriental y gran parte de Asia.

Por último, en rojo, los países donde la esperanza de vida es superior a 75 años: son, principalmente, los países de América del Norte, Europa occidental, Japón, Australia y Nueva Zelanda.

Estas diferencias se explican, básicamente, por el nivel de desarrollo económico en los distintos países: en los desarrollados, las personas tienen una alimentación abundante y equilibrada, muchos médicos, centros de salud, medicamentos, etc. En los países en vías de desarrollo, estas condiciones están aún muy lejanas. Por lo general, la alimentación es insuficiente: se ha calculado que una de cada cinco personas (sobre todo en África y en el sudeste asiático) no consume alimento suficiente para poder trabajar. Hay menos médicos, los hospitales están mal equipados, etc.

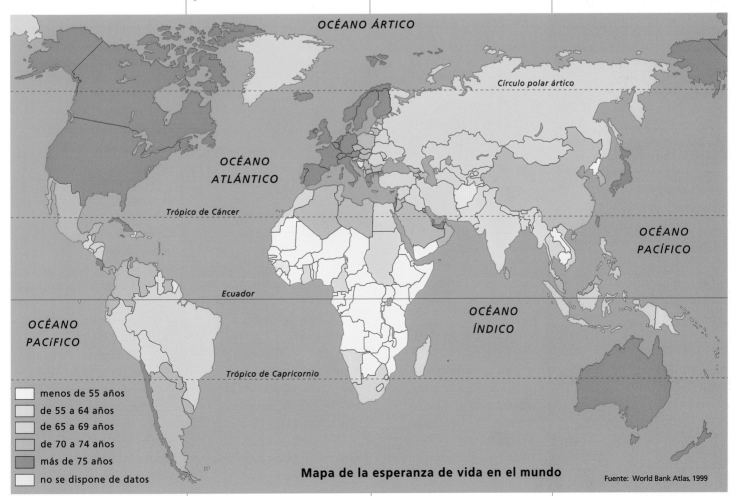

OCÉANO ÁRTICO

Círculo polar ártico

OCÉANO ATLÁNTICO

Trópico de Cáncer

OCÉANO PACÍFICO

Ecuador

OCÉANO PACÍFICO

OCÉANO ÍNDICO

Trópico de Capricornio

- menos de 55 años
- de 55 a 64 años
- de 65 a 69 años
- de 70 a 74 años
- más de 75 años
- no se dispone de datos

Mapa de la esperanza de vida en el mundo

Fuente: World Bank Atlas, 1999

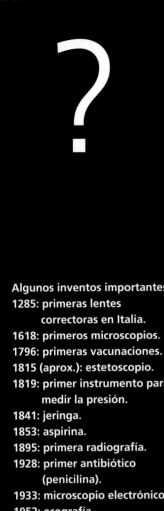

¿Lo sabías?

¿Quiénes son los hombres más altos y quiénes los más bajos del planeta?

Los más altos son los tutsi, pueblo de Ruanda y de Burundi, en África. Los hombres tienen una estatura media de 1,95 m y las mujeres, de 1,78 m.
Los más bajos son los mbuti, o bambuti, pigmeos que viven en África central. Los hombres tienen una estatura media de 1,37 m y las mujeres 1,35 m.

¿Por qué tenemos fatiga muscular?

Cuando los músculos trabajan, producen ácido láctico, que el cuerpo elimina gracias al hígado.
En caso de un esfuerzo intenso, el ácido láctico no puede ser eliminado del todo; se acumula y produce dolor: es la fatiga muscular.

¿Con qué velocidad crece el cabello?

El cabello crece alrededor de 1,2 cm por mes, pero esta velocidad varía según la edad y la persona. Si no se corta, rara vez sobrepasa los 90 cm de largo, ya que al cabo de cierto tiempo, se cae.

¿De dónde viene la expresión «hermanos siameses»?

Los hermanos siameses, o hermanas siamesas, son aquellos pequeños que nacen unidos entre sí por una parte del cuerpo. El término se empleó por primera vez para denominar a dos hermanos nacidos en Siam (actual Tailandia) en 1811. Estaban unidos por una banda de cartílago a la altura del pecho.

¿Cuándo nació el primer bebé probeta?

El 25 de julio de 1978. Su nombre es Louise Brown, una niña nacida en Gran Bretaña.

Fue concebida por fecundación en una probeta (in vitro), de ahí su nombre de «bebé probeta». Victoria Ana fue el primer bebé probeta que nació en España, en la clínica Dexeus de Barcelona, en julio de 1984.

¿Dónde se encuentra el hueso más pequeño?

Se encuentra en el interior del oído. Se trata del estribo, que no supera los 3,5 mm de largo. A su lado, el fémur, hueso del muslo, parece un gigante. Éste es el hueso más grande del cuerpo y en un adulto de 1,80 m mide cerca de 50 cm de largo.

¿Qué enfermedad provocó una gran mortandad en la Edad Media?

La peste es la enfermedad infecciosa que, sin lugar a dudas, se ha cobrado la mayor cantidad de víctimas en la historia de la humanidad.

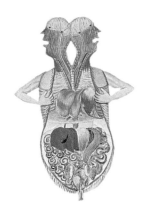

Una epidemia de peste negra, originaria de Asia central, se propagó por China, Europa y la India a mediados del siglo XIV. En quinientos años, esta enfermedad altamente contagiosa provocó la muerte de 25 millones de europeos (al menos uno de cada tres). Actualmente, se cura con antibióticos.

¿Se mueven mucho los ojos?

Más de 100 000 veces al día. Los ojos se mueven incluso cuando dormimos, durante la etapa del sueño que los científicos denominan «sueño paradójico».

¿Cuándo se realizó el primer trasplante de corazón?

La operación fue llevada a cabo por el cirujano sudafricano Christian Barnard en 1967. Trasplantó el corazón de una joven de 25 años a un hombre de 55 años, Louis Washkansky, quien vivió 18 días tras la operación. El primer trasplante con éxito de un corazón artificial (realizado por un médico norteamericano) tuvo lugar en 1982.

¿Por qué se produce hormigueo en las piernas?

Cuando permanecemos mucho tiempo en la misma posición, se impide la circulación normal de la sangre, lo que, después de cierto tiempo, puede ser peligroso para el organismo. Además, se comprimen ciertos nervios. Para advertir al organismo de que es necesario cambiar de posición, los nervios emiten señales de alerta: pequeños pinchazos que, a menudo, denominamos «hormigueo».

¿Por qué los oídos se tapan en los aviones y bajo el agua?

Cuando un avión toma o pierde altura, la presión en el exterior del tímpano es distinta a la presión del interior; el tímpano se deforma y no transmite muy bien los sonidos: los oídos están tapados. Lo mismo sucede cuando nos sumergimos bajo el agua. Para evitar esta molestia, se puede tragar saliva, lo que restablece la presión a ambos lados del tímpano.

¿A qué corresponden los grupos sanguíneos?

En el sistema de clasificación de la sangre, llamado «sistema ABO», se distinguen cuatro grupos sanguíneos: A, B, AB y O. Es aconsejable que cada persona conozca su grupo sanguíneo. Generalmente, sólo se puede recibir (o donar) sangre entre personas del mismo grupo. Sin embargo, las personas del grupo O son dadores universales, pueden donar sangre a todo el mundo. Las del grupo AB son receptores universales, pueden recibir sangre de cualquier grupo.

¿A qué se deben los lunares?

Todos tenemos en la piel un pigmento llamado melanina, que nos protege de los rayos solares. Éste es abundante cuando estamos bronceados. Los lunares aparecen cuando este pigmento se acumula en un punto de la piel y forma una mancha.

¿Cómo ven los daltónicos?

Los daltónicos son personas que padecen una enfermedad llamada daltonismo, que es un trastorno en la visión de los colores. Confunden el verde con el rojo (menos a menudo, el azul) y ven estos colores en gamas más o menos intensas de gris. Esta anomalía de la visión, que se transmite de padres a hijos, afecta principalmente a los varones. No es molesta e, incluso, algunos daltónicos ni siquiera se dan cuenta de que lo son.

¿Por qué estornudamos?

El estornudo es un reflejo incontrolable del organismo, por el que se expulsa violentamente las partículas que se encuentran en las vías respiratorias y que perturban la respiración. Cuando estornudamos, el aire es expulsado a más de 150 km/h.

¿Para qué sirven los escalofríos?

La temperatura normal del cuerpo humano es de alrededor de 37 °C. Cuando hace mucho frío, el cerebro pone en acción mecanismos de defensa: tenemos escalofríos, es decir, contraemos de manera involuntaria los músculos. Como los músculos producen calor, los escalofríos calientan el cuerpo.

¿Es posible conocer de antemano la estatura que se tendrá de adulto?

No existe un método científico para saber exactamente cuánto medirá un niño cuando haya concluido su crecimiento. Sin embargo, se puede tener una idea a través de un cálculo muy sencillo: multiplicando por dos la estatura del niño a los dos años. Un niño que a esa edad mida 83 cm, llegará aproximadamente a 1,66 m a los 18 años.

¿Desde cuándo existe la píldora anticonceptiva?

Fue creada, en 1956, en Estados Unidos, por el equipo del doctor Pincus, pero sólo se comercializó a comienzos de 1960. La píldora aporta hormonas y permite evitar la fecundación en la mujer. Es un método fiable de contracepción y se debe tomar bajo prescripción médica.

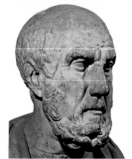
Hipócrates

Paracelso

Edward Jenner

Florence Nightingale

Médicos y sabios célebres

Antigüedad

Hipócrates
(hacia 460-hacia 377 a.C.)
Este griego es considerado el padre de la medicina y el médico más importante de la Antigüedad. Estableció un método que consiste en interrogar y examinar al enfermo. Su teoría médica se basa en la alteración de los humores del organismo. Es el autor de un código de moral médica, en el que se basa el juramento que todos los médicos realizan: el juramento hipocrático.

Galeno
(hacia 131-hacia 201 d.C.)
Médico griego que ejerció sobre todo en Roma. Según él, el conocimiento preciso del cuerpo y del funcionamiento de los órganos era indispensable para comprender y curar las enfermedades.
Realizó importantes aportes al conocimiento de las enfermedades infecciosas y la farmacología. En sus descubrimientos sobre anatomía cometió algunos errores, ya que se basaba en disecciones de monos. En el siglo XVI, los médicos del Renacimiento corrigieron esos errores.
El mayor trabajo de Galeno consistió en el estudio de la forma y la función de los músculos y de la médula espinal.

Edad Media

Avicena
(980-1037)
Filósofo y médico persa. Fue uno de los mayores sabios de Oriente y ejerció una gran influencia tanto en el pensamiento musulmán como en la ciencia occidental. Entre su vasta obra destaca el libro titulado *Canon de la medicina,* donde describió con mucha precisión las enfermedades humanas y que se utilizó en Oriente y Occidente durante 800 años. A través de sus escritos, transmitió también un apreciable conocimiento en el campo de la higiene y la alimentación.

Averroes
(1126-1198)
Filósofo y médico árabe. Ejerció también las funciones de «cadí», es decir, de juez, en Sevilla y Córdoba (España). En sus trabajos demostró que la retina, una membrana del ojo, es esencial para la visión. Comprobó también que la viruela no ataca dos veces a un mismo individuo.

Renacimiento

Paracelso
(hacia 1493-hacia 1541)
Médico y alquimista suizo que propuso usar medicamentos para tratar las enfermedades y fue el primero en señalar las propiedades anestésicas del éter. Fue partidario de emplear elementos minerales en la preparación de fármacos específicos. A menudo, es considerado el padre de la farmacología, es decir, la ciencia de los medicamentos.

Ambroise Paré
(hacia 1509-hacia 1590)
Cirujano francés que trabajó al servicio del rey Enrique II. Gracias a su experiencia en los campos de batalla, mejoró las técnicas quirúrgicas. En esa época, las heridas se cauterizaban quemándolas con aceite hirviendo o con un hierro al rojo vivo. Ambroise Paré propuso abandonar ese doloroso método y emplear un apósito inventado por él. Se le considera el padre de la cirugía moderna. Concibió también ingeniosos sistemas de prótesis (miembros artificiales).

Andrés Vesalio
(1514-1564)
Médico flamenco. Fue uno de los primeros europeos que practicó las disecciones del cuerpo humano. Las disecciones de cadáveres le permitieron demostrar la estructura de los órganos, de los cuales trató de elaborar una relación detallada. En 1543 publicó el tratado de anatomía *De Humani Corporis Fabrica,* donde expuso de manera clara y evidente los numerosos errores de la anatomía propuesta por Galeno. Fue acusado por la Iglesia de haber disecado a un hombre vivo y cumplió un peregrinaje a Jerusalén. Falleció durante el viaje.

Siglos XVII-XVIII

William Harvey
(1578-1657)
Médico inglés. Cirujano de los reyes Jacobo I y Carlos I, descubrió el principio de la circulación de la sangre. A partir de disecciones y observaciones realizadas en heridos, afirmó que las arterias transportan la sangre y no el aire de los pulmones. Además, demostró que la sangre circula pasando del corazón al pulmón, para luego volver al corazón y ser propulsada a todo el cuerpo. En un principio, su descubrimiento encontró muchos detractores, pero finalmente fue reconocido por todos los sabios de Europa. Publicó también numerosos trabajos sobre embriología. Entre sus obras más importantes destaca *Exercitatio anatomica de motu cordis et sanguinis in animalibus*, en la que expone sus teorías sobre la circulación.

Louis Pasteur

Jean-Martin Charcot

Henri Dunant

Robert Koch

Siglo XIX

Edward Jenner
(1749-1823)

Médico de campaña en Inglaterra, que comprobó que los campesinos que estaban en contacto con vacas afectadas por una enfermedad llamada «vacuna» no contraían la viruela en caso de epidemia. A partir de estas observaciones, realizó las primeras vacunaciones contra la viruela. Pasteur se basó en sus trabajos para desarrollar su vacuna contra la rabia.

Théophile-René Laennec
(1781-1826)

Médico francés, inventor del estetoscopio, que permite auscultar a los enfermos, es decir, escuchar los ruidos emitidos por los órganos. Lo utilizó para describir diversas enfermedades pulmonares y cardíacas.

Florence Nightingale
(1820-1910)

Enfermera inglesa que cuidaba a los heridos ingleses durante la guerra de Crimea (1854 y 1855). Ante el sufrimiento de los soldados, trató de mejorar la organización de los hospitales del ejército. Posteriormente, se dedicó a formar enfermeras. Gracias a su acción, se crearon escuelas donde las alumnas aprendían, sobre todo, normas de higiene.

Johann Gregor Mendel
(1822-1884)

Monje y botánico austríaco que desarrolló, en el jardín de su monasterio, el cruce de distintas especies de guisantes. Observó que ciertas particularidades (la forma, el color, el tamaño) se transmitían de una planta a su descendencia de manera previsible. De sus experimentos dedujo las leyes de la herencia, que fueron reconocidas por la comunidad científica muchos años después de su muerte.

Louis Pasteur
(1822-1895)

Químico y microbiólogo francés que desarrolló la vacuna contra la rabia en 1885.
Estudió en profundidad los microbios, seres vivos microscópicos formados por una sola célula, responsables de las enfermedades infecciosas. Demostró que todo ser vivo proviene de otro. También desarrolló el procedimiento de pasteurización, que permite conservar productos perecederos, como la leche, calentándolos a una temperatura suficientemente elevada para destruir los microbios.

Jean-Martin Charcot
(1825-1893)

Médico francés que describió, de forma sistemática, las enfermedades del sistema nervioso. Fue el primer profesor especializado en esta rama de la medicina. Estudió muchas enfermedades, tales como la epilepsia, la enfermedad de Parkinson y la esclerosis múltiple. Sigmund Freud recogió algunas de sus ideas, que desarrolló en sus teorías.

Joseph Lister
(1827-1912)

Médico inglés que estudió la gangrena, necrosis causada por heridas infectadas. En 1865 descubrió los antisépticos, sustancias químicas que se usan para limpiar los instrumentos quirúrgicos y las heridas, con el objeto de evitar el riesgo de infecciones. En cirugía, tuvo la idea de reemplazar el hilo de seda o de algodón, empleado hasta entonces, por un hilo fabricado a partir de tripa de gato, más resistente y sobre todo reabsorbible. Además, es destruido de forma natural por el organismo, sin intervención del médico.

Henri Dunant
(1828-1910)

En 1859, este suizo se encontraba con Napoleón II en Italia, en el momento de la batalla de Solferino. Como quedó impactado por la visión de los soldados heridos en el campo de batalla, intentó llamar la atención sobre este aspecto de la guerra. En 1863 fundó la Cruz Roja, organización cuyo propósito es cuidar a los heridos y acudir en ayuda de las víctimas de la guerra. En 1864, Dunant logró que varios países europeos firmaran la Convención de Ginebra, tratado para la protección de los prisioneros de guerra, de los heridos, de los médicos y de las enfermeras. Su acción fue recompensada con el Premio Nobel de la Paz en 1901.

Robert Koch
(1843-1910)

Médico alemán que demostró que existen muchas especies diferentes de bacterias y que cada una causa una enfermedad específica. Es célebre por haber identificado el bacilo responsable de la tuberculosis, un microbio en forma de pequeño bastón al cual dio su nombre: bacilo de Koch (véase pág. 72). Además, descubrió el bacilo del cólera y estudió la enfermedad del sueño y la peste. Recibió el Premio Nobel de Medicina en 1905.

Siglo XX

Wilhelm Conrad Röntgen
(1845-1923)

Físico alemán que descubrió los rayos X en 1895. Estas ondas invisibles atraviesan los tejidos del cuerpo, pero son detenidas por los huesos. Gracias a las fotografías de rayos X

Wilhelm Conrad Röntgen

Alexander Fleming

Melanie Klein

Bruno Bettelheim

(radiografías) se pudo ver, por primera vez, el interior del cuerpo humano. Hoy en día, los rayos X se usan también en el escáner, con el que se obtienen imágenes del interior del cuerpo. Además, permiten tratar ciertos tipos de cáncer.

Santiago Ramón y Cajal
(1852-1934)
Médico español que se dedicó a la investigación histológica. Contribuyó al conocimiento moderno de la estructura y función del sistema nervioso. Demostró que las células nerviosas no están relacionadas entre sí por continuidad, sino por contigüidad y elaboró la teoría de la neurona. Entre sus libros destaca la *Histología del sistema nervioso del hombre y los vertebrados*.

Sigmund Freud
(1856-1939)
Médico austríaco que ejerció en Viena. Fue el fundador del psicoanálisis (ver págs. 82 y 83). Se dedicó al estudio de las enfermedades mentales (sobre todo la histeria). Fue el primero en estudiar los sueños de manera rigurosa y desarrolló la noción de «inconsciente» (todo aquello de lo que no nos damos cuenta). Rápidamente, Freud publicó numerosos libros que le ayudaron a difundir sus ideas. Con sus discípulos, dio conferencias y fundó asociaciones de psicoanálisis en

muchos países. Aunque sus teorías fueron muy controvertidas, se difundieron por Europa y Estados Unidos.

Karl Landsteiner
(1868-1943)
Médico norteamericano de origen austríaco, que en 1900 descubrió los grupos sanguíneos. En sus trabajos demostró que no todos los grupos son compatibles y que las transfusiones sanguíneas no siempre son posibles entre dos personas. Este descubrimiento sirvió para que las transfusiones de sangre y la cirugía fuesen mucho más seguras, evitando los accidentes, muy frecuentes entonces. Recibió el Premio Nobel de Medicina en 1930.

Alexander Fleming
(1881-1955)
Médico británico, descubrió que una sustancia producida por un moho del género *Penicillium* era capaz de matar los microbios. Después de esta observación halló, en 1928, el primer antibiótico: la penicilina. A partir de 1941, gracias a los trabajos de otros dos médicos, el australiano H.W. Florey y el británico E. B. Chain, fue posible fabricar penicilina en grandes cantidades. Por este descubrimiento, Fleming, Florey y Chain recibieron el Premio Nobel de Medicina en 1945.

Melanie Klein
(1882-1960)
Psicoanalista británica de origen austríaco. Fue una de las primeras psicoanalistas que trabajó con niños. En 1919 dio su primera conferencia sobre el desarrollo del niño en el marco de la Asociación de Psicoanálisis de Budapest. Se consagró a estudiar a los niños, siguiendo la obra de Freud.

Selman Abraham Waksman
(1888-1973)
Biólogo norteamericano de origen ruso. Estudió en Odessa, Rusia; posteriormente, emigró a Estados Unidos. Descubrió la estreptomicina, un antibiótico extraído de un moho del suelo. Éste resultó muy eficaz, para la época, contra el microbio (bacilo) de la tuberculosis. En 1952, S. A. Waksman recibió el Premio Nobel de Medicina por su descubrimiento.

Pierre Lépine
(1901-1989)
Médico francés que participó en las investigaciones sobre virus en el Instituto Pasteur a partir de 1927.
En un principio, trabajó en el virus de la rabia, después investigó otros virus que atacan las células del sistema nervioso, como el de la encefalitis o la poliomielitis. Desarrolló una vacuna contra la poliomielitis.

Gregory Goodwin Pincus
(1903-1967)
Médico norteamericano que estuvo muy atento a las reivindicaciones en favor del control de la natalidad y dedicó sus estudios a este tema desde comienzos de la década de 1950. Después de haber investigado muchos procedimientos, inventó, en 1956, la píldora anticonceptiva. Las pruebas comenzaron de inmediato en Puerto Rico (isla de las Antillas) donde los nacimientos eran especialmente numerosos. Después de dieciocho meses, los resultados iniciales mostraron una eficacia que superó la de los demás métodos de contracepción.

Bruno Bettelheim
(1903-1990)
Psicoanalista norteamericano de origen austríaco. Enseñó psicología de la educación y luego psiquiatría en la Universidad de Chicago (Estados Unidos). Es conocido por haber fundado, en esa ciudad, un centro para el cuidado de niños autistas (ver pág. 82). B. Bettelheim describió sus experiencias y analizó los métodos de educación de los niños en numerosos libros, entre ellos destacan: *La Fortaleza Vacía* (1967), *Los niños del sueño* (1969) y *El psicoanálisis de los cuentos de hadas* (1973).

Christian Barnard

Stanley Cohen

Luc Montagnier

Robert Gallo

Francis Crick y James Watson
(nacidos en 1916 y en 1928)

Biólogos inglés y norteamericano respectivamente que, en 1953, descubrieron la estructura de la molécula de ADN (ácido desoxirribonucleico). Mostraron que está compuesta por dos hebras que se enrollan entre sí para formar una doble hélice. Cada trozo de la molécula de ADN es un gen que porta una característica hereditaria. Las observaciones de estos dos médicos abrieron el camino a la genética moderna. En 1962, sus descubrimientos, tan importantes para la biología, fueron recompensados con el Premio Nobel de Medicina, que F. Crick y J. Watson recibieron junto a M. H. F. Wilkins.

Posteriormente, entre 1988 y 1992, James Watson participó activamente en el proyecto Genoma Humano. Este proyecto tuvo como objetivo la obtención del mapa de la secuencia completa del ADN humano.

Godfrey Newbold Hounsfield
(nacido en 1919)

Ingeniero británico; ingresó como ingeniero eléctrico en un grupo británico que produce, entre otras cosas, material médico. En 1973 desarrolló

el escáner (ver pág. 68), aparato que permite obtener con la utilización de los rayos X y mediante un ordenador, una imagen en corte de un cuerpo o de una de sus partes. Este aparato de alta sensibilidad permitió distinguir elementos que se confundían en las radiografías clásicas. Los primeros escáneres de este tipo que se realizaron fueron del cerebro. En 1979, Godfrey N. Hounsfield recibió por este invento el Premio Nobel de Fisiología y Medicina.

Christian Barnard
(1922-2001)

Médico y cirujano sudafricano que cursó sus estudios en Estados Unidos. De vuelta a Sudáfrica, introdujo en ese país las operaciones «a corazón abierto». En 1967 realizó el primer trasplante de un corazón humano, operación muy delicada que consiste en traspasar el corazón de una persona recién fallecida a un enfermo cuyo corazón está muy dañado.

Esta operación fue un gran paso en la medicina. Barnard fue también pionero en el reemplazo de las válvulas enfermas del corazón por válvulas artificiales.

Stanley Cohen
(nacido en 1922)

Bioquímico norteamericano que, en 1973, desarrolló un

método para introducir genes extraños entre los de las células vivas. Desde entonces, ha sido posible hacer que estas células transformadas fabriquen sustancias útiles para combatir enfermedades, que el hombre no puede producir artificialmente. Estos fueron los primeros «trasplantes» de genes, que abrieron el camino a otras manipulaciones genéticas. Stanley Cohen trabajó también con células nerviosas y células de la epidermis. En 1986 recibió el Premio Nobel de Fisiología y de Medicina junto a la médica italiana Rita Levi-Montalcini por sus investigaciones en esta área.

Luc Montagnier
(nacido en 1932)

Médico francés. Era profesor en el Instituto Pasteur cuando, en 1983, descubrió junto a su equipo el virus responsable del sida (ver pág. 73). Este último, que inicialmente fue bautizado como LAV, fue denominado después, en todo el mundo, HIV.

Tres años más tarde, en 1986, L. Montagnier aisló un segundo virus llamado «VIH 2», que es responsable del sida en África occidental. En el 2000 fue galardonado junto a Robert Gallo con el Premio Príncipe de Asturias de Investigación Científica. Actualmente sus investigaciones se centran en la regulación del

virus en estado latente y en el estudio de ciertas enfermedades originadas por éste.

Robert Gallo
(nacido en 1937)

Médico e investigador norteamericano. Dirigió un laboratorio de investigación en Estados Unidos en el seno del Instituto Nacional del Cáncer. En 1976 descubrió una proteína que permite detener la multiplicación de las células. Posteriormente, trabajó en el virus del sida, en colaboración con el equipo del francés Luc Montagnier. Sus trabajos dieron origen al desarrollo de las primeras pruebas sanguíneas de detección precoz del virus del sida.

Jean Weissenbach
(nacido en 1946)

Biólogo francés que, desde 1970, está dedicado a la biología molecular, es decir, al estudio de aquello que constituye la célula (por ejemplo, los cromosomas). Las investigaciones realizadas con su equipo llevaron, a fines de 1995, a elaborar un «mapa genético» que permite localizar ciertos genes involucrados en más de 200 enfermedades. Es director científico de un centro de investigación sobre enfermedades genéticas, y continúa trabajando para identificar otros genes responsables de enfermedades.

Índice

Los números en negrita indican que la palabra está definida en el minidiccionario. Los números en letra normal señalan las páginas en que el tema se trata con mayor profundidad, y los números en cursiva hacen referencia a las ilustraciones.

94

Créditos fotográficos

p. 2-a Charmet J.-L. - Explorer: *Entubado diftérico de fines del siglo XIX*
p. 2-b Russel Team/Adventure - Ernoult Features: *Niños.*
p. 3-a Jude P./S.P.L. - Cosmos: *Piel*
p. 4-ai VEM - B.S.I.P.
p. 4-ci VEM - B.S.I.P.
p. 4-bi Clark & Goff/S.P.L. - Cosmos: *Termografía del cuerpo de un niño*
p. 4-ac Eyden B./S.P.L. - Cosmos
p. 4-acd C.N.R.I.
p. 4-cad Madison D. - Fotogram-Stone
p. 4-ccd Du Boisberranger J. - Hoa-Qui
p. 4-bcd Dr. Kunkel/Phototake - C.N.R.I.
p. 4-bc Donoso J. - Sygma
p. 5-bi Bouillot F. - Marco Polo: *Niños haciendo musarañas*
p. 5-ai Dr. Kunkel-Phototake - C.N.R.I.
p. 5-aci VEM - B.S.I.P.
p. 5-ci Vo Trung - Cosmos
p. 5-ac Prof. Motta, «La Sapienza», Roma/S.P.L. - Cosmos
p. 5-ad Prof. Motta, «La Sapienza», Roma/S.P.L. - Cosmos
p. 5-acd Raguet H. - Phanie
p. 5-ccd Charlesworth P. - CPI - Rapho
p. 5-cbd VEM - B.S.I.P.
p. 5-bd Fournier V. - Rapho
p. 6-a Gyssels H. - Diaf: *Niño en un triciclo*
p. 6-ac Burns J.-ACE/Phototake - C.N.R.I.: *Espermatozoides*
p. 6-cc VEM - B.S.I.P.: *Feto de nueve semanas y media*
p. 6-cb Wilkes S. - Image Bank: *Niños (EE.UU.)*
p. 6-b Sioen G. - Rapho: *Pareja en Hiroshima (Japón)*
p. 7-a Ruiz H. - Hoa-Qui: *Niños brasileños*
p. 8-a Prof. P. Motta/Universidad «La Sapienza», Roma/S.P.L. - Cosmos: *Óvulo saliendo del útero*
p. 8-c Leroy F./S.P.L. - Cosmos
p. 8-bi Dr. Wolf/Goivaux - Rapho
p. 8-bd Dr. Wolf/Goivaux - Rapho
p. 9-a Burns J.-ACE/Phototake - C.N.R.I.
p. 9-c ARFIV - C.N.R.I.
p. 9-bi Dr. Wolf/Goivaux - Rapho
p. 9-bd Goivaux - Rapho
p. 10-a VEM - B.S.I.P.
p. 10-c Dr. Levaillant/Grison J. - Rapho
p. 10-b Ascani M. - Hoa-Qui
p. 11-a Gyssels H. - Diaf
p. 11-b Seitz B./Photo Resea - Explorer
p. 12/13 Nilsson L.
p. 13-ad Model P. - C.N.R.I.: *Alumbramiento*
p. 14-a Burke R. - Hoa-Qui
p. 14-b Gyssels H. - Diaf: *Niño en un triciclo*
p. 15-a Wilkes S. - Image Bank
p. 15-ci Gyssels H. - Diaf
p. 15-d Boutin G. - Hoa-Qui
p. 16-a Wiachler - Rapho: *Adolescente*
p. 16-b Annebicque B. - Sygma
p. 17-a Bouillot F. - Marco Polo
p. 17-ci Gyssels H. - Diaf
p. 17-cc Perlstein A. - Sygma
p. 17-cd Boucharlat - B.S.I.P.
p. 17-b Villerot S. - Diaf
p. 18-a Bokelberg W. - Image Bank
p. 18-c Dr. Clark - Cosmos
p. 19-b Adamsmith Prod. Westlight - Cosmos
p. 19-a Adamsmith Prod. Westlight - Cosmos
p. 19-cd Philippotin M. - Rapho
p. 20-a Iconos - Hoa-Qui: *Pareja andando en bicicleta en un bosque*
p. 20-ci Aurness C./Age - Cosmos
p. 20-cd Morgan W./Westlight - Cosmos
p. 21-a Sioen G. - Rapho
p. 21-c Weisbecker P&C - Hoa-Qui
p. 21-cd Ascani M. - Hoa-Qui
p. 21-b Bras G. - Rapho
p. 22-ai Bouvier P. - Rapho: *Contorsionista*
p. 22-ac C.N.R.I.: *Neuronas vistas en un MEB*
p. 22-cc VEM - B.S.I.P.: *Tejido óseo visto a través de un MEB*
p. 22-bc Dr. Kunkel-Phototake - C.N.R.I.: *Linfocitos y hematíes*
p. 22-b Dalmasso M. - Hoa-Qui: *Niño bebiendo agua*
p. 23 Grey A./Arnold P. Inc - C.N.R.I.: *Esqueleto de cuerpo entero*

p. 24-a Bouvier P. - Rapho: *Contorsionista* C.N.R.I.
p. 24-b C.N.R.I.
p. 25-a Centro J. Perrin, Clermont-Ferrand - C.N.R.I.
p. 25-cd Prof. P. Motta/Universidad «La Sapienza», Roma/S.P.L. - Cosmos
p. 25-c CMSP - B.S.I.P.
p. 25-b Prof. P. Motta/Universidad «La Sapienza», Roma/S.P.L. - Cosmos
p. 25-ci Terry S./S.P.L - Cosmos
p. 26-a Révy J.C. - C.N.R.I.
p. 26-b Camazine S./Photo Researchers - Cosmos
p. 26-c Dannic - Diaf
p. 27-a Prof. Motta, Porter & Andrews/S.P.L. - Cosmos
p. 27-b Mancini R. - Image Bank
p. 27-cd Monneret L. - Fotogram-Stone
p. 28-a Romanelli M. - Image Bank: *Atleta corriendo*
p. 28-b Kage M./S.P.L. - Cosmos
p. 28-c Dr. Richard T. - B.S.I.P.
p. 29-a VEM - B.S.I.P.
p. 29-bd Pol A. - C.N.R.I.
p. 29-ad Pol A. - C.N.R.I.
p. 29-cd Stevenson J./S.P.L - Cosmos
p. 29-ai C.N.R.I.
p. 29-ca C.N.R.I.
p. 29-ci C.N.R.I.
p. 29-cc C.N.R.I.
p. 30-a Madison D. - Fotogram-Stone
p. 30-ad Carolina Biological Supply Co/Phototake - C.N.R.I.
p. 30-cd Carolina Biological Supply Co/Phototake - C.N.R.I.
p. 30-bd Révy J.C. - C.N.R.I.
p. 31-a Eyden B./S.P.L. - Cosmos
p. 31-b Ayres B. - Fotogram-Stone
p. 31-ad Sobolim T. - Rapho
p. 31-c Bilow N./Allsport - Vandystadt
p. 32-a Scharf D./S.P.L. - Cosmos: *Vellosidad de una parte del duodeno*
p. 32-b David de Lossy G.& M. - Image Bank
p. 33-a Du Boisberranger J. - Hoa-Qui
p. 33-cb Pol A. - C.N.R.I.
p. 33-bd Révy J.C. - C.N.R.I.
p. 33-bd Révy J.C. - C.N.R.I.
p. 34-a Dalmasso M. - Hoa-Qui
p. 34-c Pol A. - C.N.R.I.
p. 35-a Secchi-Lecaque/Roussel-Uclaf- C.N.R.I.
p. 35-b Liaison - Hoa-Qui
p. 36-a S.&I. - B.S.I.P.: *Radiografía de los pulmones*
p. 36-c S.&I. - B.S.I.P.
p. 37-a VEM - B.S.I.P.
p. 37-cd Prof. P. Motta, Correr & Nottola, «La Sapienza»/S.P.L. - Cosmos
p. 37-b Botterill - Vandystadt
p. 38-a Dr. Kunkel/Phototake - C.N.R.I.
p. 38-b Centro J. Perrin, Clermont-Ferrand - C.N.R.I.
p. 39-a UCLAF - C.N.R.I.
p. 39-ci Gyssels H. - Diaf
p. 39-b Pol A. - C.N.R.I.
p. 39-cd VEM - B.S.I.P.
p. 40-a OMSP - B.S.P.I.: *Médula ósea*
p. 40-c Kage M./Arnold P., Inc - C.N.R.I.
p. 41-a Prof. Motta, «La Sapienza», Roma/S.P.L. - Cosmos
p. 41-b Guenet F. - Gamma
p. 42-a Révy J.C. - C.N.R.I.: *Molécula de insulina*
p. 42/43 Berry D. - Hoa-Qui
p. 43-a Burriel O./Latin Stock/S.P.L. - Cosmos
p. 43-b GJLP - C.N.R.I.
p. 43-c Centro J. Perrin, Clermont-Ferrand - C.N.R.I.
p. 44-a Briolle P. - Rapho: *Médula espinal*
p. 44-b GJLP - C.N.R.I.
p. 45-bd Grey A./Arnold P. Inc. - C.N.R.I.
p. 45-a Prof. P. Motta, «La Sapienza», Roma/S.P.L. - Cosmos
p. 45-b Rosenfeld M. - Fotogram-Stone
p. 46-a Donoso J. - Sygma
p. 46-ci Ressmeyer R. - Cosmos
p. 46-b Baumgartner O. - Sygma
p. 46-c Marcus E. Raichle - Washington University School of Medicine, St. Louis

p.46-cd Marcus E. Raichle - Washington University School of Medicine, St. Louis
p. 47-a Westerman C./Liaison - Hoa-Qui
p. 47-b Jouan/Rius - Hoa-Qui
p. 47-ci Marcus E. Raichle - Washington University School of Medicine, St. Louis
p. 47-c Marcus E. Raichle - Washington University School of Medicine, St. Louis
p. 48-a Publiphoto - C.N.R.I.: *Colocación de una lentilla*
p. 48-c Witt P. - Rapho
p. 48-b Witt P. - Rapho
p. 49-b MC Nally J. - Sygma
p. 49-a Bouillot F. - Marco Polo
p. 49-d Courtinat J.L. - Rapho
p. 50-a Vo Trung - Cosmos
p. 50-c VEM - B.S.I.P.
p. 50-bi Gerard J.C. - Diaf
p. 51-a Prof. P. Motta, «La Sapienza», Roma/S.P.L. - Cosmos
p. 51-b Kelsen B. - Hoa-Qui
p. 52-a Prof. P. Motta, «La Sapienza», Roma/S.P.L. - Cosmos
p. 52-c Bourcart - Rapho
p. 52-b Annebicque B. –Sygma
p. 53-a Cambazard M. - Explorer
p. 53-b Goivaux - Rapho
p. 53-cd Abbate - B.S.I.P.
p. 62-a Laurent/Vinzent - B.S.I.P.: *Cepillado de dientes*
p. 62-ac Nutan - Rapho: *Grito de sufrimiento*
p. 62-cc Eckstein E./Phototake - C.N.R.I.: *Examen de una radiografía*
p. 62-bc Raguet H. - Phanie: *Cirugía de corazón*
p. 62-b Malanca - Sipa Press: *Payaso entretiene a un niño enfermo de cáncer*
p. 63-a AKG, París, *Trinity College, Cambridge: Trepanación (Edad Media)*
p. 63-b Boulanger D. - Vandystadt: *Tests físicos*
p. 64-a Charmet J.-L. - Explorer: *Entubado de un diftérico (fines siglo XIX)*
p. 64-b Explorer: *Museo de la Asistencia pública*
p. 65-a AKG, París, *Museo del Petit Palais, París*
p. 65-b AKG, París, *Mauritshuis, La Haya*
p. 65-c Charmet J.-L.
p. 66-a Dupont S. - Hoa Qui: *Niño de tres años sonándose* Cosmos
p. 66-ci Cosmos
p. 66-cd Sipa Press
p. 67-a Burger V. - Phanie
p. 67-b APHP - Sipa Press
p. 67-d Bassignac G. - Gamma
p. 68-a Eckstein E./Phototake - C.N.R.I.
p. 68-ci Edwige - B.S.I.P.
p. 68-c Edwige - B.S.I.P.
p. 68-cd McIntyre W.& D./Researchers - Cosmos
p. 69-a Maynard/Liaison - Gamma
p. 69-d Keene - B.S.I.P.
p. 69-b Baumgartner O. - Sygma
p. 70-a Laurent/H. - B.S.I.P.
p. 70-i Durand F. - Sipa Press
p. 70-b Beranger L. - B.S.I.P.
p. 71-a Giboudeaux F. - C.N.R.I.
p. 71-b Model P. - C.N.R.I.
p. 71-d Raguet H. - Phanie
p. 72-a VEM - B.S.I.P.: *Clostridium tetani (bacteria)*
p. 72-b Pasieka A./SPL - Cosmos
p. 72-bi Guenay Ulutuncok/laif - REA
p. 73-a Charlesworth P. - CPI - Rapho
p. 73-bd Thode S. - Cosmos
p. 73-i NIBSC/SPL - Cosmos
p. 74-a Malanca - Sipa Press
p. 74-i Prince J. - Cosmos
p. 74-b Tompkinson/SPL - Cosmos
p. 74-cd S.P.L. - Cosmos
p. 75-a Laurent - B.S.I.P.
p. 75-b Durand F. - Sipa Press
p. 75-d Trung Vo - Cosmos
p. 76-a Garo - Phanie
p. 76-ai Nelson B./Phototake - C.N.R.I.
p. 76-bi VEM - B.S.I.P.
p. 76-bd Sherman K./Phototake - C.N.R.I.
p. 77-a Raguet H. - Phanie
p. 77-ci Ducloux - B.S.I.P.
p. 77-cd Phototake - C.N.R.I.

p. 77-bd Boulanger D. - Vandystadt
p. 78-a VEM - B.S.I.P.
p. 78-ci Benn N. - Cosmos
p. 78-b King-Holmes J./S.P.L. - Cosmos
p. 79-a Malis/Liaison - Gamma
p. 79-ci Karskens A./Hollande Hooght - Vu
p. 79-cd Joly J.F. - Editing
p. 79-b Raguet H. - Phanie
p. 80-a Zarand G. - B.S.I.P.
p. 80-cd Manceau M. - Rapho
p. 80-b Frieman P. - Rapho
p. 81-a Fournier V. - Rapho: *Retrato de una niña en tratamiento psicológico*
p. 81-ci B.S.I.P.
p. 81-cd Oligny L. - REA
p. 81-b Berry I. - Magnum
p. 82-a Rovan - B.S.I.P.
p. 82-cd Col. Larousse
p. 82-bi Coulange O. - Vu
p. 83-a Nutan - Rapho
p. 83-b Le Diascorn F. - Rapho
p. 83-cd Huibers R./Hollandse Hoogte - Vu
p. 84-a Laurent/Vinzent - B.S.I.P.: *Higiene dental*
p. 84-b Joubert J.D. - Hoa-Qui
p. 85-a Jaffre J. - Hoa-Qui
p. 85-cd Ginter P. - Studio X
p. 85-b Bourseiller Ph. - Hoa-Qui
p. 86-b Buriel O./Latin Stock/S.P.L. - Cosmos
p. 86-ai Dagli Orti G., *Museo sanitario, Roma*
p. 86-c Dagli Orti G., *Biblioteca del castillo del Buen Consejo, Trento*
p. 86-d Dagli Orti G., *Museo Conde, Chantilly*
p. 86-i Dagli Orti G., *Biblioteca Nacional, El Cairo*
p. 87-ic Dagli Orti G., *Biblioteca Real, Estocolmo*
p. 87-cd Dagli Orti G., *Biblioteca Nacional, Universidad de Praga*
p. 87-d Dagli Orti G., *Biblioteca del castillo del Buen Consejo, Trento*
p. 88-i Roux - B.S.I.P.
p. 88-ci Pasieka A./S.P.L. - Cosmos
p. 88-cd Kolyk & De Schwanberg/S.P.L. - Cosmos
p. 88-d Hart & Davis/S.P.L. - Cosmos
p. 89-i VEM - B.S.I.P.
p. 89-ci Burns J./Ace/Phototake - C.N.R.I.
p. 89-cd C.N.R.I.
p. 89-d Pol A. - B.S.I.P.
p. 90-i Lessing E. - Magnum, *Museo del Louvre, París*
p. 90-ic Col. Larousse: *Biblioteca Nacional, París*
p. 90-d AKG, París, *Museo del Louvre, París*
p. 91-i AKG, París, *Slg. Archiv für Kunst geschichte, Berlín*
p. 91-cd AKG, París
p. 92-i Petit P. - *Instituto Pasteur, París*
p. 92-ic Lessing E. - Magnum, *Hospital neurológico, Lyon*
p. 92-cd Sipa Icono
p. 92-d AKG, París
p. 93-i AKG, París
p. 93-ic Fotobanco
p. 93-cd Hulton Deutsch - Sipa Press
p. 93-d Keystone
p. 94-i Sander E. - Gamma
p. 94-ic Barrington A. - Fotobanco
p. 94-cd Menzel P. - Fotobanco
p. 94-d Kactus
p. 95-i Aventurier P. - Gamma
p. 95-ic Montgomery - Gamma
p. 95-cd Lochon F. - Gamma
p. 95-d Durand F. - Sipa Press

Ilustradores
Laurent Blondel y Yannick Garbin (Corédoc)
Michel Saemann
François Poulain
Mapa p. 86/87: Laurent Blondel

a = arriba; b = abajo; c = centro; d = derecha; i = izquierda.

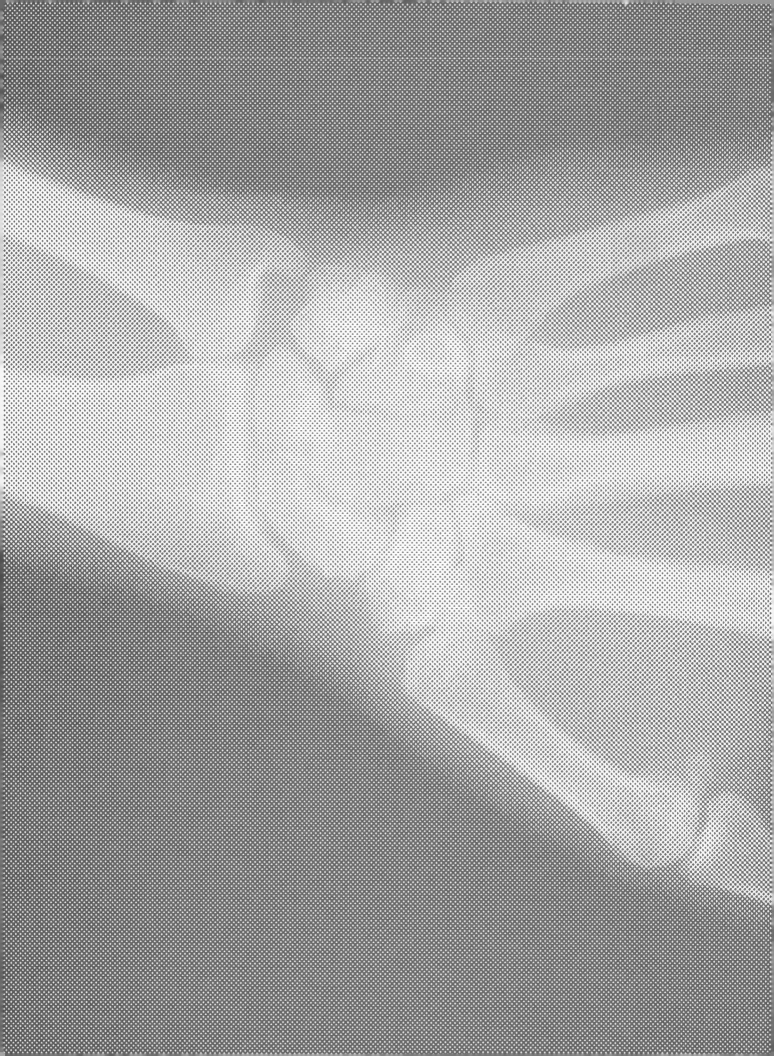